U0687573

# 乡村振兴与创新创业
## ——电子商务发展与人才培养

李留青 著

中国农业出版社
农村读物出版社
北京

# 前 言 | FOREWORD

进入二十一世纪，电子商务的发展日新月异，新技术层出不穷，已经从"星星之火"的阶段发展到"燎原之势"的阶段。与此同时，电子商务人才培养却面临着严峻的挑战，电商人才需求量大和就业率低的矛盾发人深省。在当今的电子商务发展形势下，企业到底需要怎样的电子商务人才，电子商务人才到底该如何培养？这些问题是否能得到很好的解答都直接取决于人才培养模式是否能与经济发展过程形成良性互动。在"大众创业，万众创新"的时代，电子人才培养要紧跟电子商务发展的步伐。

本书共分为八章。第一章主要介绍我国电子商务发展情况，第二章介绍国际电子商务发展情况，第三章分析了电子商务人才需求状况，第四章分析了电子商务人才培养现状，第五章讲解了电子商务人才创新创业能力该如何培养，第六章介绍了电子商务人才培养模式的探索，第七章介绍了新商科背景下中职电子商务专业建设，最后一章阐述了电子商务专业课程有效构建的策略。

本书结构完整、逻辑清晰，给学校电子商务教育提供了一些新的思路，希望可以推动新时代我国电子商务的蓬勃发展。

本书的编写和资料收集过程中参考了一些网站及相关文献

资料，在此向相关作者表示深深的感谢。由于笔者水平及时间所限，书中尚存不妥之处，敬请大家批评指正。

笔　者

2023 年 12 月

# 目 录 CONTENTS

# 第一章

# 我国电子商务发展

## 第一节  电子商务概念

### 一、什么是电子商务

电子商务的英文是 Electronic Commerce，缩写为 EC。顾名思义，其内容包含两个方面，一是借助电子方式，二是进行的是商贸活动。电子商务指的是利用简单、快捷、低成本的电子通信方式，买卖双方不见面地进行各种商贸活动。

电子商务可以通过多种电子通信方式来完成。简单来说，比如通过打电话或发传真的方式与客户进行商贸活动，似乎也可以称为电子商务。但是，现在人们所探讨的电子商务主要是以 EDI（Electronic Data Interchange，即电子数据交换）和互联网来完成的。尤其是随着互联网技术的日益成熟，电子商务真正的发展应是建立在互联网技术上的。所以，现在在我国也有人把电子商务称为 IC（Internet Commerce，即互联网商务）。

实际上，电子商务是为了适应全球化市场的变化而出现并发展起来的，它可以使销售商与供应商更紧密地联系起来，更快地满足客户的需求，也可以让商家在全球范围内选择最佳供应商，在全球市场上销售产品。

### 二、电子商务的定义

事实上，"电子商务"目前还没有一个较为全面、较为确切的定义。各种组织、政府、公司、学术团体都是依据自己的理解和需要给电子商务下的定义，下面是一些有代表性的定义。

定义1：电子商务是通过电子方式，并在互联网的基础上实现物资、人员、过程的协调，以实现商业交换的活动。

定义2：电子商务是数据（资料）电子装配线的横向集成。

定义3：电子商务是由互联网创造的电脑空间，超越时间和空间的制约，可以以极快的速度实现电子式商品交换。

定义4：电子商务是在计算机与通信网络的基础上，利用电子工具实现商业交换和行政作业的全部过程。

定义5：电子商务是一组电子工具在商务中的应用。这些工具包括：EDI、电子邮件、电子公告系统、条码、图像处理、智能卡等。

定义6：《中国电子商务蓝皮书》认为，电子商务指通过互联网完成的商务交易。交易的内容可分为商品交易和服务交易，交易是指货币和商品的易位，交易需要信息流、资金流等的支持。

定义7：加拿大电子商务协会给电子商务的定义——电子商务是通过数字通信进行商品和服务买卖以及资金转账的过程，它还包括公司间和公司内利用E-mail、EDI、文件传输、传真、电视会议、远程计算机联网所能实现的全部功能（如市场营销、金融结算、销售以及商务谈判）。

定义8：在《全球电子商务纲要》中美国政府比较笼统地指出，电子商务是指通过互联网进行的各项商务活动，包括广告、交易、支付、服务等，全球电子商务将会涉及全球各国。

定义9：联合国欧洲经济委员会明确提出了电子商务的定义，认为电子商务是各参与方之间以电子方式而不是以物理交换或直接物理接触方式完成的任何形式的业务交易。这里的电子方式包括EDI、电子支付手段、电子订货系统、电子邮件、传真、网络、电子公告系统、条码、图像处理、智能卡等。

定义10：世界贸易组织（World Tourism Organization，以下简称WTO）认为，电子商务是通过电子方式进行货物和服务的生产、销售、买卖和传递。这一定义不仅奠定了审查与贸易有关的电子商务的基础，也构建了关税及贸易总协定（General Agreement on Tariffs and Trade，以下简称 GATT）的多边贸易体系框架。

定义 11：IBM 提出了一个电子商务的定义公式，即：电子商务＝Web＋IT，它所强调的是在网络计算机环境下的商业化应用，认为电子商务是把买方、卖方、厂商及其合作伙伴在互联网、企业内部网和企业外部网结合起来的应用。

定义 12：惠普提出电子商务以现代扩展企业为信息技术基础结构，电子商务是跨时域、跨地域的电子化世界（E-World）中的商业行为。惠普认为电子商务的范畴按定义包括了所有可能的贸易伙伴：用户、商品和服务的供应商、承运商、银行保险公司以及所有其他外部信息源的收益人。

以上定义分别出自中外专家、知名跨国企业、电子商务协会、相关国际组织和政府部门，从中不难看出，这些定义的侧重点不同，是人们从不同角度各抒己见。从宏观上讲，电子商务的发展是计算机网络的第二次革命，是通过电子手段建立的一个新经济秩序，它不仅涉及电子技术和商业交易本身，而且涉及诸如金融、税务、教育等社会其他层面；从微观角度说，电子商务是指各种具有商业活动能力的实体（生产企业、商贸企业、金融机构、政府机构、个人消费者等）利用网络和先进的数字化传媒技术进行的各项商业贸易活动。

# 第二节 我国电子商务发展现状

## 一、总体呈现快速增长态势

我国电子商务发展目前总体上呈现快速增长的态势，交易额增长率逐年上升。尤其是网络零售市场的发展较为迅速，在 2012 年电子商务交易成交金额为 1.31 万亿元，在 2020 年则达到了 37.21 万亿元，增长速度惊人。由此可以看出电子商务在网络零售市场具有较大的发展潜力，同时也是拉动国民经济快速可持续增长的重要动力。

## 二、企业、行业信息化发展速度快

在现阶段我国通过一系列政策措施推动信息化和工业化的融合发展，服务行业和企业也纷纷加快信息化建设。在此背景之下，电子商务的应用需求大幅提升，促使大量的传统行业开始转向电子商务经营发展模式。以农村信息化为例，其带动了农产品网络零售市场，农产品零售商围绕自身资源以及市场优势开展特色电子商务，促使整体行业和相关企业的发展大幅提速。同时电子商务的应用也逐渐渗透到社会的各个领域中，如邮政、保险、旅游，呈现纵深发展的态势。

## 三、电子商务业态体系正不断形成

根据我国电子商务的交易情况来看，当前呈现出一些新的发展趋势。首先是发展模式不断演变，比如，B2B（商业对商业电子商务模式，即 Business-to-Business）与 B2C（商对客电子商务模式，即 Business-to-Consumer）的整合、信息平台转变为交易平台。其次是零售电子商务平台化得到了较大的发展，比如，全品类覆盖的综合性平台、专注市场细分的垂直型平台以及自营网站等逐步转向第三方平台。最后是电子商务平台之间的竞争加剧，市场集中化趋势明显。比如，阿里巴巴、京东商城等与其他中小型电子商务平台的差距越来越大。这种演变促使电子商务的业态体系形成，平台各方面功能日趋独立显现，高度分工、物联网与大数据技术应用不断成熟、网络议价、网店运营服务和外包等，致使电子商务平台的功能呈现出全能化的现状。

## 四、跨境电子商务纵深发展

在国际经济缓步复苏的背景下，我国中小外贸型企业利用电子商务逆流而上，在近年来实现了年均增速 30% 的壮举，从而极大地推动了跨境电子商务的发展。同时在跨境网上交易平台不断完善、跨境物流高速发展、网络支付结算技术日益成熟等条件下，跨境电子商务模式取得了较大的成就。基于创新理念和技术，形成"一站式"推广、平台化运营以及网络购物等业务模式，促使国内产品通过线上会展、网络交易平台等方式扩宽市场渠道，实现了电子商务的纵深发展。

# 第三节　我国电子商务发展前景

## 一、电子商务的发展环境不断完善，持续增强其发展动力

随着互联网的广泛应用，电子商务在我国发展势头迅猛。电子商务已被广泛应用于生产、流通、消费等各领域和社会生活的各个层面。越来越多的企业意识到电子商务的重要性，开始运用这一模式进行商务活动。为规范市场运行及改善经济环境，一系列有关电子商务的政策、法律法规不断出台，电子商务发展的政策法律环境也在不断完善。金融业的发展及信用支付、电子支付等电子商务支撑体系的建设、完善，为电子商务的持续发展提供了动力。

## 二、行业规模的电子商务将成为发展主流

以往我国电子商务多专注于内容或以综合性电子商务为主，随着我国电子商务规模的扩大及其向各行业的渗透，电子商务开始迈向实用阶段。

制造业、商贸流通业、对外贸易业、文化旅游业、展览展会业、金融服务业等行业，农业等领域是电子商务发展的新方向。

## 三、移动商务正成为电子商务新的应用领域

移动电子商务是电子商务的新形态，作为电子商务的一个分支，其具有比传统电子商务更大的优势、更多的便利。传统的基于互联网的商务活动要通过计算机来完成，而移动电子商务可以为移动设备的拥有者随时随地提供商务信息，更加方便地完成商务

交易。

## 四、国际化发展

中国经济在世界经济发展中扮演着重要角色，作为经济发展的重要推动力量，我国电子商务也会跨越时间及空间的限制，走向世界。我国电子商务将在世界电子商务中占据着巨大的份额。

宽带技术、交易安全技术等国际电子商务支撑技术对我国电子商务的发展有进一步的推动作用。国外资金的注入和国外新技术的引入将为我国电子商务的发展提供坚实后盾。中国电子商务和国际市场对接的进程将大大加快。

## 五、区域化发展

地区经济发展的不平衡问题在我国非常普遍，经济发展不平衡致使经济发展具有阶段性，也造成了收入结构的层次差异十分明显。大城市、部分中等城市和部分沿海地区是我国经济较发达地区，这些地区电子商务活动也较兴盛，B2B的电子商务模式明显。以这种模式为主的电子商务企业在进行资源规划、配送体系建设、市场推广等时，都必须充分考虑这一现实，采取有重点的区域化战略，才能最有效地扩大网上营销的规模并提高效益。

## 六、融合化发展

电子商务网站在最初的全面开花之后必然走向新的融合。一是同类网站之间的合并，那些定位相同或相近，业务相似的网站，由于竞争激烈，最终一些企业将被兼并淘汰；二是同类别网站之间互补性的兼并，一些具备良好基础和发展前景的网站在扩张的过程中必然采取收购策略，主要的模式将是互补性收购；三是会组成战略联盟，由于个性化、专业化是电子商务发展的两大趋势，每个网站在资源方面总是有限的，客户需求又是全方位的，所以不同类型的网站以战略联盟的形式互相协作将成为必然。

**第二章**

# 国际电子商务发展

## 第一节　国际电子商务发展特点

### 一、市场规模不断扩大

随着全球智能手机保有量不断提升、互联网使用率持续提高、新兴市场快速崛起，全球网络零售仍将持续增长。跨境电子商务，尤其是跨境 B2C 业务日益活跃。

### 二、地区差距逐渐缩小

欧美地区电子商务起步早、应用广。2016 年美国网络零售交易额达到 3 710 亿美元，比 2015 年增长 8.5％，占美国零售总额的比例约 8％。目前，80％的美国制造商拥有自己的网站，60％的小企业、80％的中型企业和 90％的大型企业已经开展电子商务应用。2015 年欧盟 28 国电子商务 B2C 交易额为 4 074 亿欧元，增幅为 13.4％。英国、法国、德国、西班牙、意大利五国的市场份额最大，占当时欧盟电子商务市场总量的 77.5％；英国、丹麦、卢森堡、德国和荷兰五国的网购用户渗透率最高。

亚洲地区电子商务体量大、发展快。电子商务起源于欧美，但兴盛于亚洲。亚洲地区网络零售交易额已占全球市场的 46％。中国、印度、马来西亚的网络零售年均增速都超过 20％。全球十大电商企业，中国占 4 席、日本占 1 席。其中，阿里巴巴以 26.6％的市场份额排名全球第一，京东商城名列亚马逊、易贝之后，位居第四，小米和苏宁也入围前十。印度电子商务市场过去几年保持约35%的高速增长。中印两国网民人数占到全球网民人数的 28%，每年还将新增 1 亿人，巨大的网民红利将继续支持亚洲市场发展。

拉丁美洲、中东及北非地区电子商务规模小、潜力大。拉丁美洲 B2C 电子商务发展速度在全球名列前茅，近 5 年交易额均保持增长。网民增长红利、互联网普及度提升、本土技术创新等是拉丁美洲电子商务市场被看好的主要原因。非洲地域广阔，人口分布不均，实体店数量少，居民购物不便，电子商务发展存在刚性需求。近年来，非洲各国更加重视电子商务发展，加大了电子商务基础设施建设力度。研究机构预算，2025 年非洲主要国家的电子商务交易额将占其零售总额的 10%。

## 三、企业并购趋于频繁

互联网经济具有天然的规模效应，随着竞争加剧以及投资人的撮合，竞争对手有动力、有条件进行合并，市场集中度不断提高。

目前，全球领军互联网企业都已构建以平台为核心的生态体系。亚马逊、阿里巴巴等以电商交易平台为核心，向上下游产业延伸，构建云服务体系。谷歌、百度等以搜索平台为核心，做强互联网广告业务，发展人工智能。以脸谱网、腾讯等社交平台为核心，推广数字产品，发展在线生活服务。苹果、小米等以智能手机为核心，开拓手机应用软件市场，开展近场支付业务。以平台为核心的生态体系不断完善，将吸引更多用户、积累更多数据，为平台企业跨界融合、不断扩张创造条件。互联网领域"强者恒强"的趋势更加明显。

## 四、共享经济异军突起

共享经济伴随着移动互联网的发展而迅速崛起，共享领域不断拓展。从最初的汽车、房屋共享发展到金融、餐饮、空间、物流、教育、医疗、基础设施等多个领域，并向农业、能源、生产甚至城市建设扩张。共享经济让全球数十亿人既是消费者，也是经营者，大幅度地提升了资源利用效率，带来了就业方式的变革，但同时也带来一些新问题，对监管提出挑战。

目前，全球估值超过 100 亿美元的共享经济企业有优步等四家。优步估值高达 680 亿美元。中国是全球规模最大的共享汽车和共享单车市场，2016 年共享出行超过百亿次，占全球市场的 67%。共享单车的月活跃用户数超过 2 000 万人。前不久，某校做了一项调查，外国留学生将共享单车、网购、支付宝和高铁，称为中国"新四大发明"。这一说法并不完全准确，但也表明在一部分人心里共享经济在中国拥有广阔的市场前景和全球影响力。

# 第二节 全球贸易电子商务发展趋势

全球 80% 的电子商务交易额产生在企业和企业之间，而不是在企业和消费者之间。全球 B2B 业务的交易额在逐年上涨。电子商务交易额规模也保持每年 20%～30% 的增长。预测全球电子商务服务业未来 5 年仍将处于高速增长周期。

## （一）北美电子商务发展趋势

在北美与欧洲的发达国家中，电子商务取得了长足的发展。美国作为全球最大的电子商务市场，销售额逐年增长。制造业的电子商务最为突出，随后为批发贸易。欧洲联盟（以下简称欧盟）电子商务呈现出以下 3 个特点。

（1）信息通信技术基础加强。约 1/3 的企业采用宽带上网，17% 的企业在市场支持和销售过程中使用信息通信技术。

（2）企业网络销售的比例随公司的规模扩大而增长。

（3）在世界企业电子商务应用中，欧盟国家，如芬兰、瑞典、丹麦、德国、爱尔兰、比利时、奥地利等国，基本上都排在最前列。

电子商务最早在信息基础设施较好、经济比较发达的地区发展起来，并迅速伴随互联网的扩展蔓延到全球各个地区。美国电子商务的应用领域和规模都远远领先于其他国家，在全球所有电子交易额中，目前大约有 50％以上都发生在美国。美国电子商务网站的经营也很成功，出现了一些很著名的电子商务网站，如亚马逊。这些著名的电子商务网站大大地推动了美国电子商务的发展。

美国电子商务的迅猛发展是与美国政府的大力加强信息产业基础投入密不可分的，也与美国联邦政府加强对电子商务管理、实行合理管理模式有很大关系。美国在国际电子商务合作与竞争中形成的全球电子商务框架，对美国乃至世界各国电子商务的发展产生了积极影响。

## （二）欧洲电子商务发展趋势

在英国电子商务的发展过程中，政府的政策引导和支持十分重要。互联网的普及是推动电子商务的另一个重要动力。目前英国几乎每个家庭都已通网，公司企业也大面积网络化。许多传统企业通过少量投资，依托原有优势，迅速开展网络业务、金融保险业、航空运输业、计算机行业和零售业等，成为电子商务的领军行业。这些行业的网络业务都占到全部业务的 40％以上。

另外，英国的研发实力雄厚，除大部分跨国信息与通信技术公司都在英国建立研发基地之外，本土研究机构和大学研究力量强，众多中小企业也拥有创新性技术，信息与通信技术发达，并且拥有强大的软件业。这些都为电子商务的顺利发展提供了有力的技术环境支持。

电子商务的迅猛发展，对英国建立知识经济和增强国际竞争力起到了非常重要的作用。现在，随着越来越多的企业用电子手段改造传统商务，距离"宽带英国"的目标越来越近，英国电子商务仍在蓬勃发展，英国在全球电子商务领域位居前列的地位也日益稳固。

通过对世界上电子商务发展环境较好、发展速度较快的国家进行总结分析，发达国家政府在推进电子商务发展上所进行的工作对我国来说有着很好的借鉴意义。发达国家电子商务发展经验主要表现在以下几个方面。

一是积极制定国家电子商务的发展战略、规划和行动计划。各国、各地区通过"e 计划"带动电子商务发展，如"电子欧洲""电子日本""电子韩国"，德国政府制订了"德国 21 世纪的信息社会"的行动计划，均为滚动式计划。

二是政府成立专门机构，加强对电子商务工作的领导，推动电子商务环境建设。美国政府成立了跨部门的管理协调机构——政府电子商务工作组，负责制定发展电子商务的政策措施，并协调督促相关部门实施。商务部、农业部和小企业管理局联合成立了小企业电子商务工作组，推动电子商务的发展；英国政府成立了电子商务专员办公室，任命贸工部长为电子商务大臣；新加坡成立了"国家电子商务行动委员会"，负责协调和推动电子商务活动。

三是重视营造电子商务的社会环境。北美地区、欧盟，以及亚洲各国都将信息高速公路、安全网络、电子交易的法律法规建设放在优先地位。如美国通过了《全球暨全美商业电子签章法》，日本颁布了《高度信息网络社会形成基本法》，新加坡国会通过了《电子交易法》。

四是制定优惠政策，积极引导和鼓励企业开展电子商务。

### （三）拉丁美洲电子商务发展趋势

拉丁美洲电子商务发展的情况呈现出两极分化的现象。阿根廷、巴西、智利和墨西哥互联网普及度较高，四国的互联网用户几乎占了拉丁美洲互联网用户总数的 2/3。

### （四）非洲电子商务发展趋势

据统计，全球平均每 10 000 个网民注册的域名数量为 94 个，但在非洲，相同的网民数量平均仅拥有 1 个域名。显然，互联网在非洲有着极大的增长空间。

在非洲大陆上，建立一个生机勃勃的、自给自足的互联网体系会吸引越来越多的本土人士接触和使用互联网。而打造这个具有非洲特色的互联网的关键就是非洲特色的互联网文化。电子商务在非洲具有巨大的发展空间。

### （五）亚洲电子商务发展趋势

亚洲和太平洋地区人口众多，经济发展速度较快，是世界电子商务发展最有潜力的地区。

近年来，日本电子商务迅速发展，不仅成为企业之间不可或缺的交易手段，也成了个人消费者获取所需商品或服务的最便捷途径。根据日本经济产业省、日本电子商务推进协议会以及日本电报电话公司数据经营研究所联合发表的《电子商务现状以及市场规模调查》，日本企业之间的电子商务成交额达数十万亿日元，其中90%以上为企业间的大宗交易。在日本企业间的电子商务往来中，汽车和电子信息相关设备是成交额最高的大宗项目。另外，面向个人的电子商务市场也在急剧增长。韩国电子商务的基础设施在国际社会被公认为世界领先水平，宽带普及率也是世界上最高的。韩国的电子商务一直在高速增长。

新加坡地处亚洲，中小企业在该国商务发展中占据相当高的权重，其电子商务的发展路径和中国有很多相似之处，在新加坡的信息产业拼图中，中小企业规模一般较小，具有"船小好掉头"的优势，但是在产业的把握上就没有经验，这就需要政府部门对其进行一定的指导。而新加坡咨询通信发展管理局（Infocomm Development Authority of Singapore，以下简称 IDA）就承担了这个任务，IDA 推出的政策具有宏观性和指导性，且不是强制性的，中小企业不必全盘接收，可以根据自己的具体情况"对症下药"。IDA 为中小企业电子商务的发展提供资金上面的支持，更制定相应的融资政策扶持其发展，除此之外，更对电子商务的发展进行专业化的指导。由于政府大力支持基础建设，营造健康的商业环境，目前很多企业已经在积极发展电子商务，近些年来，新加坡电子交易额呈持续稳定的上升状态，这离不开政府的扶持和引导。

## （六）国内外电子商务发展比较

根据美国、英国、新加坡等国家以及非洲、拉丁美洲等地区的情况来看，电子商务的稳定发展对国家经济的稳定发展是至关重要的，而这些国家和地区在扶持中小企业的发展决策上都提倡发展电子商务，他们成功的发展经验给我国未来的发展带来了很多的启示。

　　发展电子商务离不开政府的重视，只有政府充分意识到大力发展电子商务的重要意义才能引导企业更好地发展。很多企业对信息化网络没有概念，政府部门的参与和引导对其发展有着至关重要的作用，政府的政策能积极推广电子商务的应用，有利于创建电子商务发展的整体环境。美国颁布《互联网免税法案》以后，电子商务是不用缴纳税收的。目前美国的电子商务税收还是比其他的行业低很多，这大大促进了它的发展。在看到美国政府采取的有效措施及所带来的结果后，我国政府在现阶段应该加大对中小企业电子商务发展的扶持力度，一方面是通过税收优惠政策来鼓励其发展应用，另一方面是增加政府的财政补贴。只有这样才会有更多的中小企业投身到电子商务的发展中来。政府还应加大对信息基础设施建设的投入，电子商务的基础是网络，在这方面，国家应该联合大的网络服务商提高网络的覆盖率，尤其是一些中小企业聚集的工业圈。

　　除了政府的财税政策外，金融服务机构也需要变得完善。中小企业的融资问题一直是制约其发展的重要因素之一。相比较发达国家，我国电子商务的发展还不是很成熟，平台的应用、运作模式等都不是很规范，我国也是在探索过程中发现问题、总结问题、解决问题并出台相关的法规制度来使其规范化，只有这样，电子商务才能健康地发展。在中小企业的电子商务发展道路上，还有很多的问题需要解决，如物流的完善、网络信息安全的保障。只有创造了完善的外部环境，中小企业的电子商务发展才能上到一个新的台阶。

# 第三章

# 电子商务人才需求状况分析

## 第一节　电子商务人才需求现状

### 一、电子商务人才需求规模

电子商务正在创造新的经济增长点、新的市场、新的就业方式。根据中国电子商务研究中心监测数据显示，电子商务服务企业直接从业人员超过百万人。目前由电子商务间接带动的就业人数已超千万人。在直接从业人员上，随着更多的中小企业加入电子商务的阵营中来，必定会带动电商人才需求的增长。而且，这一增长趋势未来还将延续。

目前，随着电子商务的发展，更多的从业者加入其中。在间接从业人员上，电子商务也促使服务商、网络模特、快递人员数量的增加以及依托电商的新兴群体出现。这一人群规模庞大，快递人员需求的大量增加就是例证。网上购物的发展带动各类产业的联动发展。

### 二、电子商务人才结构性需求

电子商务的快速发展对人才提出了新的需求。在信息时代，人才成为经济发展的重要因素。随着信息化步伐的加快，网络经济时代的到来和电子商务的迅猛发展，社会对电子商务人才也提出了新的需求。就目前情况来看，我国电子商务人才主要分为如下几类。

#### （一）电子商务应用人才

企业开发电子商务，除了软硬件条件的具备外，重要的是知识复合型人才的需求。具体包括：①企业电子商务管理人员，负责本单位电子商务系统的管理运作。他们需要掌握电子商务的基础知识、商贸知识、电子商务法规相关知识、电子商务案例分析与电子商务项目管理的知识等。②电子商务实际操作人员，负责本单位电子商务活动的实际操作。他们需要掌握电子商务的基础知识，商贸基础知识，电子商务相关技术，电子商务技能和操作规范、操作标准等。

### （二）电子商务项目开发人才

在电子商务法规、市场、应用环境创建与完善的同时，电子商务项目的顺利开发就成为一个单位搞好电子商务的关键。社会所需的电子商务项目开发人才又可分为以下几类：①电子商务分析人员，需掌握相关的电子商务信息技术、管理技术及项目系统分析领域的商务知识。②电子商务项目设计人员，要求掌握电子商务信息技术、网络技术、相关软硬件知识等。③电子商务项目具体实施人员，要求掌握电子商务开发软件技术、网络编程技术等。

### （三）电子商务管理人才

主要是指政府行政部门的电子商务管理人才，他们应掌握电子商务的基本法律、法规，国家的有关方针、政策，网络管理技能，CA认证①管理及相关应用领域的管理知识等。

### （四）电子商务教学科研人才

主要是指在大专院校、相关科研机构及相应部门和企业中从事电子商务教学及科研工作的人才。他们的知识应是信息网络技术和商务理论的融合，应该能够将理论知识和实践技能很好地结合，能够对电子商务的某些问题和领域进行前瞻性的研究并提出建设性的建议和意见。

现在我国电子商务企业处在开疆拓土的阶段，运营、技术、推广是最迫切的工具型人才。随着电商企业向纵深发展，竞争不断加剧，决定商业本质的供应链人才会越来越热门。

电子商务行业对人才的综合性要求很高。比如说技术型人才，

---

①　CA认证，即电子服务（Certificate Authority）认证，以下简称CA认证。

他不仅要懂得程序设计、网络技术、网站设计、美术设计、信息安全、系统规划等知识，又要求了解商务流程、顾客心理和客户服务等知识。技术型人才不仅要求有扎实的计算机功底，还需要能够分析企业的客户需求，所以该类人才还应该对企业的流程、管理需求以及消费者心理有一定了解，而这将成为电子商务人才的特色所在。商务型人才在传统商业活动中都有雏形，不同之处在于他们是网络虚拟市场的使用者和服务者。一方面要求他们是管理和营销的高手，同时也熟悉网络虚拟市场下新的经济规律；另一方面也要求他们必须掌握网络和电子商务平台的基本操作。综合管理人才则难以直接从学校培养，而是市场磨炼的产物。

## 三、电子商务人才需求地区分布情况

根据《中华英才网人才供求分析报告（2022 年）》的数据显示，不同地区对电子商务人才的需求有很大的差别，需求主要集中在长三角、珠三角地区，以及北京、上海等经济较为发达的省市，这与当地的电子商务服务企业数量较多有关。其中电子商务人才中热门的计算机类和销售类人才需求量最大的地区为北京，电子商务销售类人才需求量最大的地区也为北京。

## 四、企业间需求电子商务人才的差异

我国电子商务企业主要可以分为两类，一类是传统企业的电子商务部门，一类是大型专业电子商务企业，不同企业电商人才的要求亦有所差别。对于传统企业的电子商务部门而言，通常分工没有那么明确，一个人往往要承担几项工作，如一个电商人才需要负责网站制作、维护、推广、网站客服等工作。其用人特点是不需要精通专项知识，但要求知识面广。大型专业电子商务企业对人才需求则是各个层次都有，从底层编辑和技术人员，到中间的部门经理，最后是决策层的总经理、总监等。其用人特点是分工明确，每个人只需负责整个电子商务流程的一个环节，如技术人员只需负责开发、美工就负责界面、产品经理就负责产品流水线管理等。对于大型专业电子商务企业来说，其需要的是专才而不是通才。

当前电子商务企业人力资源管理面临的主要问题排名分别为：人员招聘压力、员工培训压力、薪酬增长压力、人员流失压力。我国电子商务企业长期处于人才需求强烈的状态，根据中国电子商务研究中心发布的数据显示，当前招聘压力大的企业占 40.91%；处于招聘常态化，每月都有招聘需求的企业占 27.27%；处于人员流失率高，招聘压力大状态的企业占 13.64%；处于人员稳定，基本满足企业需求的企业占 22.73%。数据显示电商人员需求旺盛，大部分企业在持续招聘，其中人才流失是其中一个重要原因。而且电商行业发展迅速且竞争激烈，为了夺得市场，许多企业没时间和精力去培训员工。对于电商企业而言，他们主要还是缺直接能够上手、有工作经验的员工，因此电商企业间互相挖掘富有经验或者能快速上手的人才，造成了行业跳槽成风。

## 第二节　电子商务人才需求结构分析

### 一、我国电子商务产业人才整体需求分析

#### （一）我国电子商务产业需求岗位总量走势

早年间，招聘信息来源于报纸、媒体等渠道，随着互联网的发展，招聘信息来源越来越趋于网络化，网络招聘已经成了企业招纳人才的主流形式，也是企业人力资源对外发布人才信息的热门方式之一。同时招聘信息映射了企业对人才本身的要求与期望，是企业人力资源管理的重要部分。二十一世纪是人才竞争的时代，在企业发展过程中人才的管理、规划及储备已经上升至战略层面，例如，"精英计划"和"百人计划"。人才是企业快速发展乃至持续发展的重要因素之一，因此对招聘信息量的认识可以了解整个电商产业的人才规模，有利于从整体上预估与把握整个电商产业的人才规模趋势。在本文中岗位需求量由招聘信息量进行量化表述。

我们共爬取招聘信息 100 多万条，下面对招聘信息的总量进行了简单数理统计如图 3-1，时间节点分别是 2016 年 7 月、2017 年

7月及10月、2018年1月、4月、7月。可以看出招聘信息的总量在整体上没有太大的变化且平稳，电商岗位的需求量维持在20万至30万。2018年10月未能获取智联招聘、中华英才网的数据，只统计了前程无忧的招聘信息，所以未在图中体现。

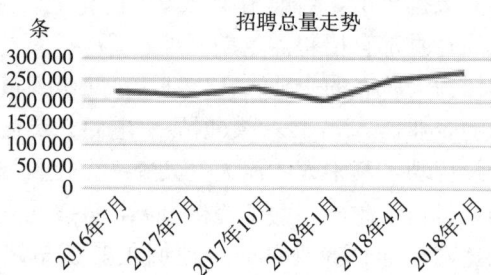

图 3-1　招聘总量走势

从统计数据看，近几年的网络招聘数量虽然没有剧烈变化，但整体保持在较高的需求量上，对电子商务产业人才的需求一直都非常巨大。反观，近几年电子商务产业的大力发展，也促进了新兴产业的催生与带动了传统行业的转型升级，不仅增加了社会效益，同时也增加了许多就业机会，相信行业对电商人才的需求会继续走高。

**（二）电子商务人才各个岗位需求量变化**

根据岗位自身的性质和特点，对企事业单位中全部岗位，从横向和纵向两个维度进行的划分从而区别出不同岗位的类别和等级作为企事业单位人力资源管理的重要基础和依据。岗位分类是各项人力资源管理科学化的基础、实现对工作人员有效管理的保障以及为实现人力资源业务的简化和公平准确创造了条件。与此同时，通过企业岗位分级分类，来明确不同层级不同类别的岗位任职者应具有的能力和素质要求，并以此进行能力素质的提升和开发的目标，可以聚焦企业的核心能力。因此对岗位类别及具体岗位的把握可以明确企业发展方向及核心工作，帮助企业进行组织架构调整，优化组织结构。此外可以帮助求职者更好地进行职业选择。本文对电子商务产业的招聘岗位进行了如下分类，岗位类别分为产品类、技术类、市场与销售类、运营类、设计类、职能类六大类。为了观测数据的时序变化选择同一时间维度的数据（图 3 - 2），对 2016 年 7月、2017 年 7 月、2018 年 7 月的招聘信息进行了统计。

图 3 - 2　岗位类别总量对比

　　从岗位类别整体看，2016 年 7 月数据中技术类、市场与销售类、运营类占据了总招聘信息量的 70% 左右，且数量上较均匀，其他岗位类别相对较少，最少的是产品类；而 2017 年 7 月的统计结果显示，各岗位类别的数量发生了明显的变化，可以看到技术类、市场与销售类、职能类的招聘数量减少，特别是市场与销售类、职能类的招聘量急剧下降，持续增长的是运营类，增加了近一倍的需求量；而 2018 年 7 月的统计结果显示，与同期相比，运营类继续增长，达到了 14 万多，产品类、技术类、设计类也正在小范围内增长，而市场与销售类没太大变化，职能类需求量非常小。虽说整体需求量变化平稳，但岗位类别需求结构发生了巨大的变化，需求量持续增长的是运营类，而市场与销售类、职能类需求量逐渐缩小，产品类、设计类、技术类需求量不大但也在小范围内增长。这也是由于电子商务产业的出现增加了商品的流通渠道，运营是电子商务企业运作中非常关键的环节，岗位需求量相对较大，而弱化了对市场与销售、职能类的需求，特别是职能类，电子化操作减少了人工效力，需求量就会下降。

　　岗位类别的变化反映的是大类的变化，具体岗位的变化更能清楚地指引我们选择从事的职业岗位。图 3 - 3 展示了每个岗位类别中具体的招聘岗位在 2016 年至 2018 年需求量的变化，具体岗位包括产品、开发、测试、运维、优化、运营、推广、客服、编辑、数据、视觉、网页、行政、人资、财务市场、设计、技术 18 小类。其中运营类的运营岗位依旧是需求量较高的，且每年的招聘需求量逐渐增加，2018 年 7 月的数据显示其需求量达到了 9 万多，其次是开发岗位的各小类，需求量有所减少但都维持在 2 万多的需求量，第三是推广岗位，逐渐增加，2018 年 7 月达到了 2 万多的招聘需求量，第四是网页、产品类岗位，也是逐年增加，需求量达到了 2.2 万左右。而行政、财务、人资、视觉、销售等具体岗位的招聘需求量逐渐减少，其中职能类岗位 2018 年 7 月的数据显示需求量不到 0.5 万。

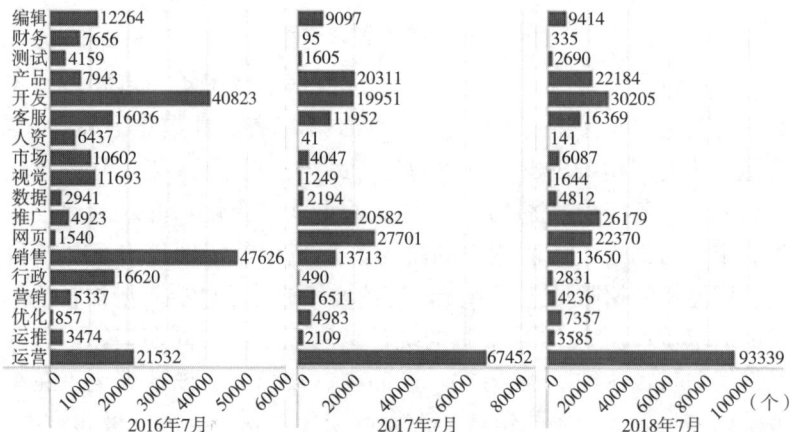

图 3-3　具体岗位年份对比

热门岗位主要集中在运营、开发、产品、网页、推广等，电子商务就是电子化的商务手段，在运营过程中需要技术支撑、较好的网页展示能力及产品开发能力，整个过程由线下转移至线上运营，而这些岗位正好也是实现线上与线下相结合的关键性岗位，推动电子商务产业的发展与繁荣。

**（三）电子商务人才需求地域分布**

电子商务人才在地域上的分布往往可以体现企业在空间位置上的布局及规划，一定程度上可以反映企业的发展蓝图，对研究企业甚至整体产业的区域规划、产业集群等方面有着非常重要的实践价值。通过地域分布的分析可以大致了解电商产业的空间走势，把握电商产业的整体布局。

　　电子商务产业随着互联网的兴起而大力发展，超一线城市、一线城市等沿海地区是新兴技术、产业发展的发祥地，因此本章研究选取了北京、上海、深圳、广州、杭州、南京、苏州、武汉、成都、天津、西安、沈阳、重庆 13 个城市。图 3-4 中，以地图的形式展示地区在数量上的变化，一个圆点代表一个城市，原点的大小表示该地区的招聘需求量。如下有三幅地图分别展示了 2016 年 7

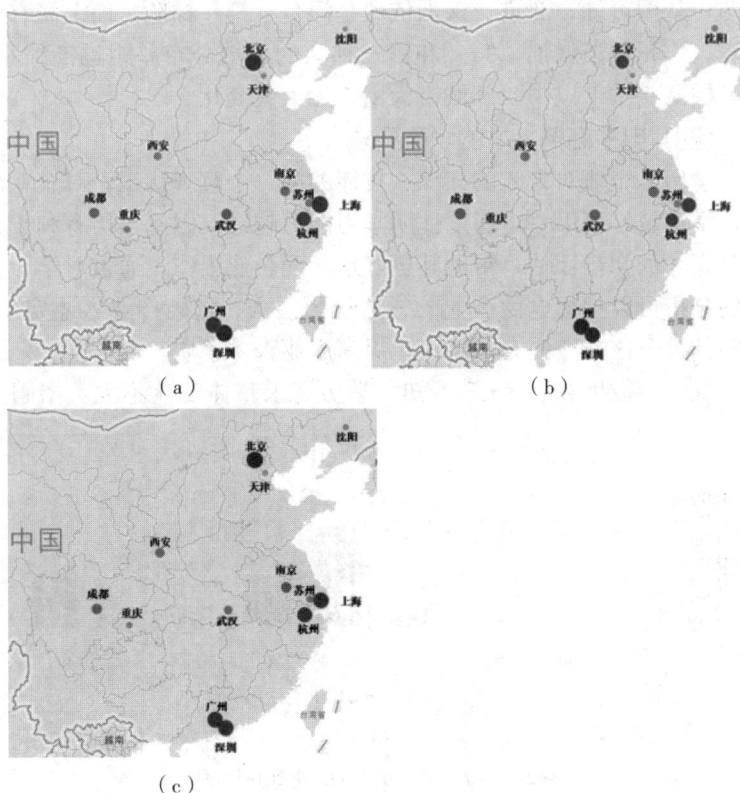

图 3-4　岗位区域分布

月、2017 年 7 月、2018 年 7 月的招聘岗位地域分布，利用分析工具自动按照岗位的需求量对地域进行区分，以圆的大小为标识，分为三个梯级。

2016 年 7 月地域分布如图 3 - 4 （a），深色代表北京、上海、深圳，为第一梯队，招聘需求量在 3 万以上，略浅色代表杭州、广州，为第二梯队，招聘岗位需求量在 1 万～3 万，其他城市为浅色，归为第三梯队，招聘岗位需求量在 1 万以下。

随着城市的社会经济发展，电子商务领域岗位需求量有所变化。图 3 - 4 （b）（c）分别是 2017 年 7 月、2018 年 7 月的地域分布图，从图可知，北京、深圳依然是深色、第一梯队，而上海有所下降，广州逐渐增加，第一和第二梯队的地域分布差距逐渐缩小，第三梯队基本上以中西部城市为主，无太大变化。

### （四）电子商务人才的学历要求

学历是企业对人才的知识、技能的第一个直观认识，对企业而言，学历越好可以一定程度证明学习能力越好，因此学历有利于企业对人才的初步评估，帮助其更好地匹配企业工作。通过对学历分布的分析可以把握电商产业的人才学历层次、清晰产业人才定位，帮助其提升该产业的人才层次，提高产业人才素质。

从已知数据和图 3 - 5 可知，学历需求整体变化不大，招聘岗

学历对比

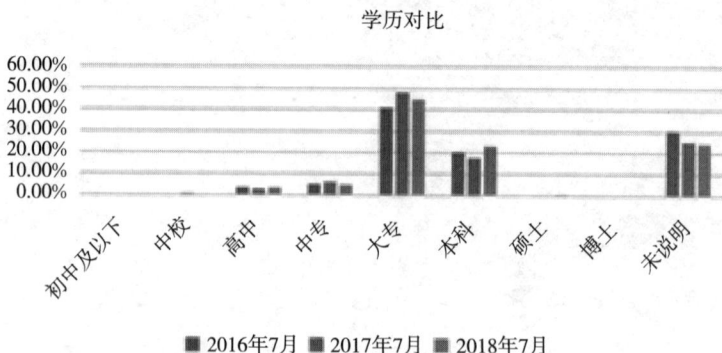

图 3 - 5 学历对比

位的学历要求主要以大专为主，每年统计数据占比超过了40％，其次是本科，占比也是20％左右。随社会经济的发展，对学历的要求有所提高，虽然大专学历占很高的比例，但是本科学历的占比也是有所增长，从侧面反映想要进入电子商务领域，在学历上有一定的门槛，在实际工作中需要我们具备一定的办公自动化、英语、商务专业知识等基本的技能。

## （五）电子商务人才的薪资水平

在企业管理中，薪资是企业支付给员工的工作价值的外在表现，薪资水平的高低从侧面反映了一个人的工作能力水平，同时也是员工是否留任企业发展的影响因素之一。企业支付能力越强发展更好，同时也能表现出企业所在的行业发展前景更可观，属于朝阳产业。

如图3-6，随着电子商务产业的长足发展，电商岗位的整体薪资水平占比有所提升。从已知数据可知，2016年7月，3 000～5 000元占40％，5 000～10 000元占35％左右，这两大薪资范围占整体的75％左右。而到了2017年、2018年，薪资占比发生变化，"3 000～5 000元"占比下降至20％，"5 000～10 000元"占比上升至50％左右，其次是"10 000～15 000元""15 000～20 000元"。随着经济的发展，薪资水平逐渐提升且显著，岗位需求量也在增长，说明电商企业支付能力增强，电商企业发展越来越好，且产业发展前景十分被看好，同时也会吸引到更多的人才加入电子商务产业。

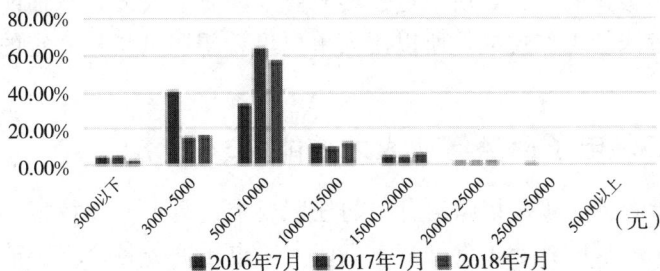

图3-6　薪资对比

## （六）电子商务人才的经验要求

工作经验是指应聘者的所有工作在知识、技能、能力的时间积累，也是企业选拔人才的主要参考要素之一。如图 3-7，从数据可知，电子商务产业的岗位对工作经验的要求主要集中在"1 年""2 年""3～4 年"。随着时间的变化，对岗位的工作经验提出了更高的要求，2016 年 7 月"1 年"占 15％左右，"2 年"占 14％左右，"3～4 年"占 12％左右。经过 2 年的信息追踪，至 2018 年 7 月，"2 年"占 22％左右，为最高比例，"1 年""3～4 年"各占 15％左右，然后是"应届生""5～7 年"。

图 3-7　工作经验对比

电子商务产业是一个变化相对较快的市场，新技术的出现与运用、消费场景的改变、运营方式的变化等都可能让电子商务产业发生很大的变化，所以更需要有一定经验的人才，更加能适应变化带来的工作挑战，所以用人单位更希望职员具备一定的工作经验。

# 二、电子商务产业人才技能需求研究

笔者进一步对招聘信息中的任职要求进行了文本挖掘，提取出岗位要求的技能关键词，重点研究了电子商务各个岗位需求的高频技能和相关性较高的技能。通过技能需求分析，我们可以深入认识电子商务岗位真实需要的知识与技能，促进电商人才的培养。

## （一）电子商务人才整体技能需求特点

我们把招聘信息中涉及的技能分为技术维度、商务维度、综合维度。其中核心技能是指在技术技能体系中，起核心作用的关键技能、基本技能和通用技能，是具体专业技能和专业技术知识以外的能力，是运用各种知识和技能而形成的综合技能。

根据词典的构建及技能维度的划分，共获得 8 个一级指标、30个二级指标，相对应的文本信息词频统计如表 3-1。我们调查得知从整体角度看，2016 年排名前三的一级指标是职业素养、人际交往、网络销售，其次是营销管理、网站建设与维护、办公自动化，而 2017 年、2018 年排名前三的一级指标发生了变化，依次是网络销售、营销管理、网站建设与维护，其次是职业素养、办公自动化。而落实到具体的专业技能维度上，2016 年排名前三的一级指标中二级指标各有不同，职业素养中关注工作态度、执行能力超过了 40%，人际交往中关注语言能力、团队能力超过了 40%，网络销售中关注网络社交超过了 20%。而随着社会经济的发展，技能需求关注点有所侧重。2017 年与 2018 年，网络销售中关注网络社交占 50% 左右，营销管理中关注网站、专题及活动占 15% 左右，网站建设与维护中更多关注的是编程语言、视觉感知、平面设计、网站架构、网页制作。

### 表 3-1  技能维度频数统计

| 技术维度 | | 频数（2016 年） | 占总文本数比例 | 频数（2017 年） | 占总文本数比例 | 频数（2018 年） | 占总文本数比例 |
|---|---|---|---|---|---|---|---|
| 计算机基础知识 | 操作系统知识 | 20 736 | 5.97% | 3 128 | 1.46% | 4 424 | 1.65% |
| | 计算机协议知识 | 7 634 | 3.87% | 2 240 | 1.05% | 3 036 | 1.34% |
| 网站建设与维护 | 编程语言 | 44 950 | 20.04% | 16 943 | 7.80% | 23 740 | 8.89% |
| | 数据库运用 | 16 529 | 7.43% | 2 625 | 1.22% | 4 607 | 1.72% |
| | 网站测试 | 15 903 | 7.15% | 2 320 | 1.08% | 2 260 | 0.85% |

（续）

| 技术维度 | | 频数（2016 年） | 占总文本数比例 | 频数（2017 年） | 占总文本数比例 | 频数（2018 年） | 占总文本数比例 |
|---|---|---|---|---|---|---|---|
| 网站建设与维护 | 视觉感知 | 14 042 | 6.31% | 8 041 | 3.76% | 8 029 | 3.00% |
| | 平面设计工具 | 12 604 | 5.67% | 8 389 | 3.92% | 7 618 | 2.85% |
| | 网站架构 | 10 497 | 4.72% | 2 621 | 1.22% | 4 959 | 1.85% |
| | 网站运维 | 7 871 | 3.54% | 731 | 0.34% | 1 138 | 0.43% |
| | 网页制作工具 | 6 659 | 2.99% | 5 484 | 2.56% | 5 240 | 1.96% |
| | 视频剪辑 | 719 | 0.32% | 276 | 0.13% | 334 | 0.12% |
| 搜索引擎优化 | 搜索引擎运用 | 10 795 | 4.85% | 6 887 | 3.22% | 10 434 | 3.90% |
| | 网站排名 | 5 329 | 2.40% | 438 | 0.21% | 509 | 0.19% |
| 办公自动化 | 办公软件 | 27 217 | 12.23% | 4 973 | 2.32% | 6 514 | 2.44% |
| | 文案编辑、撰写 | 15 465 | 6.95% | 16 496 | 7.71% | 16 781 | 6.27% |
| 网络销售 | 网络社交 | 46 222 | 20.78% | 106 169 | 49.59% | 160 201 | 59.90% |
| | 客户获取和保持 | 39 786 | 17.88% | 478 | 0.22% | 556 | 0.21% |
| | 网络销售平台 | 26 452 | 11.89% | 20 861 | 9.74% | 24 880 | 9.30% |
| | 电商模式 | 10 809 | 4.86% | 2 094 | 0.98% | 2 152 | 0.80% |
| | 销售技巧 | 4 781 | 2.15% | 188 | 0.09% | 238 | 0.09% |
| 营销管理 | 网站、专题及活动 | 82 916 | 37.27% | 32 098 | 14.99% | 40 259 | 15.05% |
| | 数据分析 | 19 848 | 8.92% | 3 145 | 1.47% | 4 438 | 0.66% |
| 人际交往 | 语言能力 | 149 525 | 67.21% | 2 116 | 0.99% | 2 915 | 1.09% |
| | 团队能力 | 105 100 | 47.24% | 3 158 | 1.48% | 2 897 | 1.08% |
| | 管理能力 | 59 742 | 26.85% | 4 167 | 1.95% | 5 007 | 1.87% |
| 职业素养 | 工作态度 | 131 606 | 59.16% | 25 313 | 11.82% | 28 557 | 10.68% |
| | 执行能力 | 91 078 | 40.94% | 2 076 | 0.97% | 1 282 | 0.48% |
| | 心理素质 | 80 706 | 36.28% | 160 | 0.07% | 230 | 0.09% |
| | 学习能力 | 77 021 | 34.62% | 981 | 0.46% | 889 | 0.33% |
| | 思维能力 | 64 953 | 29.20% | 2 714 | 1.27% | 2 371 | 0.89% |

进一步对该产业的人才需求特征进行分析，对 2016 年 7 月、

2017 年 7 月、2018 年 7 月二级技能指标文本词频，统计并进行展示了近 3 年二级技能指标排名前五的高频关键词的变化。计算机基础知识维度下，Linux、HTTP 等操作系统、计算机协议知识仍然是需要掌握、熟悉的计算机基础知识，随着移动互联网的发展，逐渐要求掌握移动终端操作系统 Android、iOS 的相关知识。网站建设与维护指标下，一直以来都是编程语言、数据库、网页设计、平面设计占据前四的排名，电子商务业务场景的发展，对编程语言类技术的要求也有所变化，2016 年 7 月主要以 Java、Photoshop、CSS 等为主，而 2017 年 7 月、2018 年 7 月 CSS 技术开始占据第一的位置，其次是 Java、C++、JavaScript 等技术。

而对于其他技能维度，三个时间维度上的具体技能关键词差异不显著。搜索引擎方面主要是关注 SEO、Baidu、Google、搜索引擎、代码优化等，办公自动化集中在办公软件的操作与日常的文字撰写，网络销售看重对目前各大社交平台的熟悉、了解，比如微信、微博、淘宝、亚马逊、速卖通、京东，而营销管理方面更注重的是运营推广、活动策划、数据分析、宣传、活动执行、专题策划、方案设计等，同时值得关注的是营销管理逐渐加入数据驱动的元素，使营销决策更加具有科学依据。而人际交往与职业素养方面，企业更希望个人具备沟通、合作、协调、积极主动、认真、勤奋、有责任心、创意、能独立完成工作任务等技能软实力。

## （二）电子商务各岗位高频技能需求分析

频数，又称"次数"，指变量值中代表某种特征的数（标志值）出现的次数。按分组依次排列的频数构成频数数列，用来说明各组标志值对全体标志值所起作用的强度。各组频数的总和等于总体的全部单位数。频数的表示方法，既可以用表的形式，也可以用图形的形式，在统计学、管理学、经济学等中应用非常广泛。本研究中从统计学角度讲，频数是全部文档中包含指定的技能维度或关键词的文档数，能反映技能需求整体状况。在招聘信息中技能需求反映了企业对人才的要求，技能需求通过技能关键词反映，对某一个（类）技能关键词越高，说明该技能需求越基础越常用，因此通过对高频技能需求的分析，可以了解电商企业对人才的基本需求。

岗位类别中以技术类、设计类、产品类高频技能关键词变化明显。以技术类为例，我们发现 JavaScript、C＋＋等技术需求依然很高，同时新技术 Vue 开始受到企业青睐，频数上升。从技能词的出现次数反映了该类别岗位的基本常用技能关键词有所改变，特别是技术技能变化明显。技术类岗位代表了电子商务的核心技术，这种核心技术的转变，被产业发展的影响同时也会影响产业发展，进而影响对人才的培养，无论是求职者还是高校应高度关注。

岗位类别的高频统计分析并不能直接反映具体岗位应该具备的基础且常用的技能，通过对具体岗位的高频技能关键词分析，将更加清晰实际工作中应该掌握哪些基本常用技能。以开发岗位、网页岗位为例，从开发岗位的高频技能关键词可以看出，主要以编程语言、数据库为主，从技能关键词频数看，排名最高的还是JavaScript、C＋＋，同时随时间变化，出现了新技术 Vue，而网页相关岗位的结果并无太大明显变化，只是更多地强调对网页制作的软件工具，如 Photoshop、Dreamweave、Flash 的使用。

## （三）电子商务各岗位高相关技能需求分析

技能需求整体特征分析主要是从各个时间点的技能维度及技能关键词的频数进行整体统计分析，了解技能大致的整体需求。从统计学角度，频数是指全部文档中包含指定的技能维度或关键词的文档数，虽然能反映技能需求整体状况，但其相关性更具有分析的潜在价值。相关性字面意义表示事物与事物之间的某种相关关系，在不同的领域有不同的解读，本研究中的相关性是指与搜索条件相一致的文档与全部文档中包含指定的技能维度或关键词的文档数的相关程度。具体公式如下：

$$C = \frac{P_n}{P_N} = \left[ \frac{\dfrac{n_s}{n}}{\dfrac{N_S}{N}} \right] = \frac{n_s \times N}{n \times N_S}$$

其中 $C$ 表示相关性值，$n$ 为某一类岗位在招聘信息中出现的频数，$N$ 为总招聘信息的数量，$P_n$ 为某一个（类）技能关键词，$s$ 在某一类招聘岗位中出现的频率，$P_N$ 为某一个（类）技能关键词在总招聘信息量中出现的频率，$n_s$ 为某一个（类）技能关键词，$S$ 某一类招聘岗位中出现的频数，$N_s$ 为某一个（类）技能关键词，$S$ 在总招聘信息量中出现的频数。当相关性的值$>1.0$，则被视作需要进一步分析出现的异常情况，此时可能出现新的技能或核心技能发生迁移，提醒我们值得关注。

除了上述对整体的技能特征做了详细的梳理，更加值得关注的是每个岗位类别与一级技能指标之间的相关程度，可以看出每个岗位类别需要具备的专业技能要素。经过 2 年的数据处理与分析，发现每个岗位类别与一级技能指标之间的相关程度整体上保持一致，以统计时最近的时间点 2018 年 7 月为例。

2018 年 7 月电子商务产业中关于技术类、设计类等岗位，企业所要求的基本技能维度是网站建设与维护、计算机基础知识，相关度达到 3.0 以上，值得关注。另外，市场与销售类岗位较关注网络销售、营销管理，运营类侧重营销管理，技术类依然侧重计算机基础知识、网站建设与维护，市场与销售类关注网络销售及人际交往，设计类偏重网站建设与维护，产品类更多的还是人际交往，而职能类的相关度都比较低，主要以职业素养为主。

市场与销售类不仅要求具备一定的软实力，更要求对大型的电子商务平台有所熟悉或者有相关的工作经验，而职能类更多关注职业素养及办公软件的使用，基本上没有变化。设计类越来越偏重各种工具的使用，Dreamweaver、Illustrator、Flash、Photoshop 相关度越来越高。而产品类更多关注逻辑思维、数据分析等软实力。

## 第三节　电子商务人才供需的矛盾

### 一、电子商务人才供需矛盾原因分析

造成我国电子商务人才供需矛盾的原因主要可以从电子商务人才培养体系的不完善、电商企业人力资源管理机制的不完善、电商

人才自身竞争力较弱以及人力资源市场信息的不对称来分析。

## （一）电子商务人才培养体系的不完善

目前，我国电商行业知识更新快速，高校人才培训体系与企业实践严重脱节，高校毕业生无法直接在企业中发挥作用。造成这种局面的根本原因是高校在电子商务人才的教育和培养方面还存在缺口，在这种情形下培养出的学生很难符合社会对高层次电子商务人才的需求标准。问题如下。

第一，师资力量薄弱。现有师资大多数是从计算机、网络、管理、营销或其他专业调派，专业出身的教师很少，其知识储备也大多来自以往出版的一些电子商务书籍，不够系统、深入、实用。由于教师大多没有电子商务实战经验，使得有时教师在从事电子商务教学时显得力不从心。

第二，课程设置不合理，教材缺乏科学性和规范性。由于缺乏对电子商务在中国企业实际应用状况的了解，课程设置的随意性很大，其问题主要表现在两个方面：一是将现有的有关技术和商务方面的课程简单堆砌在一起，缺乏有机结合的系统性；二是强于书本而弱于实务，缺乏必要的案例教学和实务操作能力的培养。教材方面，目前国内先后出版了好几套电子商务的系列教材，分别由各相关高校根据自己学校的教学情况组织编写，内容差别很大。系列教材并不系统和完整，相互之间有重复和冲突，而不同系列的教材之间的重复和冲突则更加严重。一些不成系列的教材，编写滞后于电子商务的发展，也落后于教学内容的更新。因此，各高校在教材选择上难度较大。

第三，培养方向模糊，学生缺乏专向技能训练。当前高校未能清晰地界定出所培养的电子商务人才将来的就业方向和就业岗位，提出的培养目标相对宽泛，这并不符合中国企业目前对电子商务人才专业、实用的需求。而在教学方式上，基本是教师说、学生听。电子商务是一门综合性的商务学科，无论是计算机与网络技术，商务策划，项目实施都需要大量的动手训练。尽管近年高校都意识到了这个问题，并推出了电子商务实验室系统，供学生模拟练习，但是这些软件仍然脱离于实际的商业环境，甚至有不少软件已落后于现有的应用。另外，由于教师本身很少参与商务实际运作管理，课程的案例来源、案例讨论、创业指导、实习指导都受到了极大限制。

## （二）电子商务企业人力资源管理机制不健全

电子商务企业属于高新技术产业的一部分，是知识密集和技术密集的企业集群。该类企业呈现出鲜明的特性，如成立时间较短、规模相对较小、行业分布相对集中、员工年轻化、人员的创新能力对企业的发展所起的作用十分明显。基于这样的背景，其人力资源呈现出一定的特征：员工跳槽率相对其他类型企业较高、员工掌握企业的较多核心技术及客户资源、员工的流动方向多为同类竞争性企业，等等。纵观目前我国电子商务企业的发展状况，其中人力资源管理中暴露的问题也不容忽视，具体体现在以下几个方面。

第一，企业间挖角严重，人才流动性高。电商企业人力资源管理产生压力的主要原因是，新进入者为加快发展步伐，经常选择从成熟电商企业直接挖角人才，由于行业内高级管理人才较为缺乏，挖角对象甚至已经从核心管理或专业人才发展到基层人员。而电子商务行业节奏快、压力大、加班频繁的特点，也造成企业员工流失率高。此外，"80后""90后"成为电子商务企业的主流员工，这个群体的行为特征给企业管理带来挑战。年轻化的人才，更富有创新精神和工作激情，同时也更愿意尝试和接受新的机会和环境。相对来说，互联网人才的信息处理和获得能力更强，对于外部工作机会的了解和获得容易很多。更多的职业选择机会、更强的尝试新鲜意愿，也增高了电子商务人才的跳槽率。

第二，企业培训晋升体系不完善。电子商务企业员工一般工作量较大，自身没有参加再培训的时间和精力，员工普遍缺乏提高的机会。而企业大多关注新员工入职培训，对于其他专业技能培训及管理培训投入不大。另外，大多企业虽有明确的职业晋升通道，但未提供与之配套的培训机制，员工晋升到新岗位时会很茫然，需要很长时间的自我摸索才能适应新岗位的需求。例如，在企业实践中很多技术类人才会晋升为团队管理者，但出于缺乏管理技巧且没接受过相应培训，最终无法有效领导团队开展工作。

第三，缺乏有效的工作分析。工作分析指的是获取与工作有关的详细信息的过程。通过工作分析，我们可以确定某一工作的任务和性质，以及哪些类型的人适合从事这一工作。工作分析是人力资源的基础。几乎所有的人力资源管理活动，如招聘、甄选、合理配置、职位评价都需要通过工作分析获得重要的信息。当前很多企业在发布某岗位的招聘信息时，没有对企业岗位进行梳理，岗位职责描述不明确，使招聘工作缺乏针对性，并不十分有效。此外，企业内部因为缺乏明确的岗位职责描述，不仅无法为员工管理和考核提供依据，还会影响到培训、考核以及奖惩等诸多环节的运作，阻碍企业人力资源活动的有效开展。

第四，企业文化建设不完善。电商企业都处于创业期，企业制度、企业文化不健全。电子商务企业需要一种凝聚力，传统的管理方法是通过组织系统自上而下的行政指令，淡化了个人感情和社会心理等方面的需求。电商企业一般由于工作的特殊性，虽然公司多半由年轻人组成，但是如果企业的管理者特别是企业文化相关部门不重视的话，时间一长，就明显看出企业缺乏活力，公司除了工作还是工作，这样给员工带来的感觉就是在为老板赚钱，而公司没有去了解员工需要什么，希望得到什么样的待遇。马斯洛的需求理论指出物质方面的满足其实是最低层次的。现在的企业员工，对待遇的要求不仅是薪水方面，其实很多员工很希望工作能够在其他的方面得到满足。此外，互联网工作的要求日新月异，就要求我们管理者不断地去学习新知识，用理论去联系实际，不断地改善发展公司的企业文化，才能跟得上时代的步伐，企业文化不是一成不变的，也是要根据时代的发展、考虑到员工的知识、信仰、道德等综合因素而不断发展变化的。

### （三）电子商务人才自身竞争力较弱

当前，造成电子商务企业"招人难"和电商人才"就业难"矛盾的一个主要原因是电商人才自身竞争力较弱。此外，一部分电子商务人才之所以不能顺利找到工作，是因为其自身不知道应聘何种企业、何种职务；另外一部分原因就是电子商务人才自身的知识和技能没法满足企业的需求。主要原因如下。

第一，就业方向不明确。大部分电子商务专业学生不知道自己今后的就业方向，更不知道毕业以后应该具备什么能力和证书，才能让自己更有就业竞争力。因此泛泛的简历不能吸引用人企业，电商应届毕业生往往失去面试的机会。另外，即使获得面试机会，由于不了解电子商务在各行各业的应用现状及发展前景，对于企业提供的职位缺乏工作方法、经验和热情，使他们也很难应聘成功。

第二，电子商务人才学历偏低，知识不全面。当前电商从业人员高学历、复合型人才所占比例不高，以销售人才为例，本科率为37.6%，硕士率为9.4%。但由于电商企业高速发展，亟须挖掘高端人才，特别是复合型、懂运营和管理的高学历人才，在招聘高学历、高素质人才方面难度较大。此外，电子商务是综合性学科，其所涉及的知识面广，知识点多而且很杂，重要的是知识更新非常快。电商人才，尤其是学历低的电商人才，知识储备不全面，不能跟上电商行业发展的要求。对于其自身职业生涯来说，如果没有足够的时间和知识积累，大多数人只能长期从事较底层、较基础的工作。

第三，电子商务实践能力不强。目前企业需求的电子商务人才既要懂电子商务实战又要懂贸易实战，具备良好职业素质。电商人才，尤其是应届毕业生求职难的主要原因是其自身实践能力不强。这样的人才大学基本没有能力培养，大学电子商务教育与企业人才需求严重脱节，使得理论与实践有着太大的差距，这些问题困扰着大学电子商务教育和企业引进电子商务人才。另外，学生大多数自身也没有在课余时间积极投身社会实践，增强自身的实践能力。

## （四）电子商务人力资源市场信息不对称

建立有序的人力资源市场最终的目的是要解决人力资源合理配

置的问题，实现人力资源供给与需求的均衡，达到人力资源的高效配置。在现代信息社会，信息是市场的基本要素。市场的任何操作都离不开信息的发布，只有将相关信息进行有效发布，并送达求职者手中，市场才能进行各种有效的运作。信息的发布关系到了整个人力资源市场的运作。所以信息平台可以看作是人力资源市场最底层的支持系统。没有信息平台，人力资源市场的存在就没有了基本的保障。目前人力资源市场信息平台并不完善，不能为求职者提供全面的信息服务。并且，求职者也往往无法轻易甄别信息的真实性和准确性。可见目前人力资源市场中的信息平台尚需进一步的完善，原有的信息平台并不能满足求职者各种需求。信息平台整体都需进一步提升，信息的筛查制度需进一步的完善。

## 二、改善我国电子商务人才供需矛盾的对策

针对我国电子商务人才培养体系不完善、电子商务企业人力资源管理难度增大、电子商务人才自身缺乏竞争力及人力资源市场配置作用有待完善这四大原因，结合人才供需平衡的相关模型得到的启发，下面从政府、学校、企业和人才四方面探讨如何缓解我国电子商务行业人才供需的矛盾。

### （一）政府积极发挥政府部门的指导作用

政府对一个行业的发展主要起着规划者和管理者的作用，政府对某一新兴产业的重视程度高低及扶持与否，对一个产业或行业的兴盛与否起着决定性的作用。因此，要缓解电子商务人才供需矛盾，就必须营造一个适应发展的电子商务环境，这需要政府的指导，以及企业、高校和社会的共同努力。

**1. 创造有利于电子商务发展的政策环境**　发展电子商务的主要动力，理应是来自社会的、民间的、市场的力量。但是，电子商务是在高度依赖高新技术和众多社会公共产品、公用设施、公共资源的基础上，对传统商务模式的变革，其发生、发展是离不开政府支持的。同任何形式的商务活动一样，市场秩序是决定其发展前景的关键因素，而市场秩序的形成和完善有赖于行政部门在法律框架

内对市场运行及市场行为进行具体规划和规范。这就是即使在最自由、最开放的领域，市场经济条件下相应于各类经济活动的行政主管部门仍然存在的理由，中外各因概莫能外。因此，作为商务活动行政主管部门的商务部，应该切实担负起规划我国电子商务发展方向、规范具体发展行为的责任。为了推进我国电子商务的快速、持续发展，我国政府应该根据各个阶段的环境要求，制定及完善一系列适应我国国情的电子商务政策，主要从以下四方面着手。

（1）电子商务投资政策。在社会主义市场经济环境下，投资主体应该由政府转向广大企业，尤其是中、小企业。因为它们的灵活性、积极性往往高于大型企业。而对瞬息万变的市场经济而言，中、小企业更能"适者生存"。我们国家十几年来的经验也显示出，中、小企业具有特有的朝气。政府应营造能让中、小企业方便投资的资金市场和环境，当然也包括融资环境。

（2）电子商务税收政策。政府对一产业或行业的扶持所制定的税收政策对其发展起着直接的作用，因此，电子商务税收政策如何制定，是电子商务能否快速发展的重要影响因素。

（3）电子商务收费政策。电子商务初期的投资较大，因而从国家、行业到企业很容易形成一种急于收回投资的急躁情绪和心理，从而制订出较高的收费标准。尤其在开展电子商务活动的初期，由于使用电子商务的企业和个人不多，于是可能导致收费的进一步提高，即单位使用成本过高。然而，这种策略的效果刚好与愿望相反，因为收费太高，使用的单位和个人会更少。而电子商务属于信息化范畴，信息化的基本要求就是使用者越多越好，在达到相当数量以后，效益才会猛然增高，随后在相当长的一段时间里形成边际效益递增的局面。

（4）电子商务人才培养政策。要使电子商务能够在我国蓬勃开展，电子商务的人才如何培养是一个需首要解决的问题。因为电子商务的开展是商务管理、商务活动、商务理论与现代电子工具的有机结合，无论是从事电子商务管理，还是从事电子商务活动者，都必须是掌握商务理论与实践及电子工具应用的复合型人才。如果没有这样的人才,电子商务的开展就无法实现。而我国目前所缺乏的正是这样的复合型人才。因此,政府应该制定相应的政策,推进我国电子商务人才培养工作的开展。

**2. 搭建完善的人力资源市场信息平台**　人力资源市场的良好运作,离不开信息系统的支持。信息系统为人力资源市场提供了实时的资讯,保障市场信息的与时俱进。目前的人力资源市场信息系统还有进一步完善空间,并没有全面铺开。促进人力资源市场的规范管理,全面铺开信息系统必不可少。

首先要整合信息平台,实现共享互通。现有市场存在局部的信息平台,但是这些信息平台发布的信息不够全面,并且缺乏信息筛选机制,信息质量没有保障。《人力资源和社会保障部关于进一步加强公共就业服务体系建设的指导意见》指出,我们在统一规范人力资源市场建设中,要进一步完善公共就业服务信息制度,加强公共就业服务基本信息的收集、汇总和发布,并不断扩展就业信息的覆盖范围,为社会提供更多更广的人力资源市场信息。这就为各个市场的信息平台改进提供了指导方针,即:不断扩大信息覆盖平台,增加信息类型;建立信息筛选机制,确保市场信息真实可靠;完善信息发布形式,使得信息方便易读。更重要的是要及时将招聘会信息以及招聘单位信息、职位信息进行分类汇总,及时发布到网上,供招聘单位和求职者查询,提供全面细致的信息服务。

其次要监控信息发布,确保真实无误。在现代信息时代,网络带来大量信息的同时,也存在着信息失真现象,有些不法分子利用信息平台的空档,发布虚假信息,诱导信息使用者,进而从中获利。人力资源市场是信息的大平台,大量的招聘和人才需求信息都会出现在人力资源市场中,而对于这些信息,由于信息不对等,求职者只能对信息做出基本的判断,且这种判断大部分是直觉,并没有可靠性与科学性,所以在市场中对信息进行监控就显得尤为重要。这种监控包括了建立信息的审查、筛选和更新机制。这种机制要能够有效地对现有的市场信息进行过滤并确保信息真实。同时,要能够实现信息的实时更新,确保信息的准确性。

**3. 重视电子商务相关行业人才的发展**　电子商务的发展离不开电商周边相关行业的发展。当前我国电商的高速发展，不仅使电商企业人才紧缺，电商相关行业也产生了巨大的人才缺口。近两年来，京东商城这样的电商领头羊企业，发展速度都高达200%～300%，京东商城和阿里巴巴已经率先在全国多个城市建立了自己的物流中心，这样的发展速度必然加大了人才需求。无论是电子商务领域的专业人才，还是商品采购、快递物流等电商相关人才，在人力资源市场上都有告急趋势。要使我国电子商务得到长期稳定快速的发展，政府也需要重视电商相关行业及其人才的发展。一方面政府需要为电子商务周边相关行业创造良好的外部环境；另一方面，建立健全包括电商及电商相关人才在内的内部培训机制，这同时也需要企业以及社会各方力量的共同努力，只有电商整个大产业环境的发展得到了保障，我国电子商务行业才能实现不间断地、持续地发展。

**4. 加强电子商务国际交流合作**　电子商务基于互联网，跨越不同国家、时区，可持续便捷地获取国际市场第一手资料，节省大笔通信、住宿等流通费用，向客户提供全面不限时的产品信息服务，提高市场竞争力。进出口贸易是一个烦琐复杂的过程，而通过电子商务，各种商业文件、单据的签署或确认都可在电子商务平台上完成，缩短了进出口商与有关部门交涉的等待时间，实现了贸易的无纸化、标准化。

我国企业应加强国际合作，积极参与国际组织中电子商务的相关活动，认真开展国际电子商务法规、标准的制定与实施相关的调查研究，主动参与相关标准规范的制定和修订，积极参与国际双边、多边涉及电子商务的条约和协议的起草工作，推动国内电子商务发展与国际对接。

同时，电商相关行业也应积极融入国际化环境中，如跨国界物流挑战，实现网络贸易高度依赖于强大的跨国界有形商品的配送基础设施，当前国内物流仍存在一些问题，如公司内部建立的物流平台规模不大且较为零散。因此，国家有关部门应在原有基础上，整合货站，成立综合物流中心，改善配送渠道。电子商务国际化的发展离不开配套设施及行业的发展建设，只有三者同时发展进步，我国才能真正在国际化市场中取得较好的发展。

## （二）改善当前的电子商务人才培养体系

工业和信息化部发布的《电子商务"十二五"发展规划》指出，要加快电子商务人才培养，积极引导有条件的高等院校加强电子商务学科专业建设和人才培养，为电子商务发展提供更多的高素质专门人才。鼓励职业教育和社会培训机构发展多层次教育和培训体系，加快培养既懂商务、又具备信息化技能的电子商务应用人才。积极开展面向企业高级管理人员的电子商务培训。鼓励有条件的地区营造良好的创业环境，吸引并帮助具有国际视野的创新创业型人才成长。

近几年我国政府非常重视电子商务人才的培养，现已初步形成由大中专院校、教育培训机构和远程教育构成的电子商务人才培养体系。由于我国电子商务起步较晚，电子商务人才培养滞后，在人才培养过程中还存在诸多问题，学校及培训机构应根据社会对电子商务人才需求的变化，及时对人才培养方案与人才培养途径进行合理的调整，使人才培养方案、培养途径更好地与人才培养目标、培养规格相协调。

**1. 改进高校培养模式，校企合作促人才就业**  随着我国社会主义市场经济的建立和科学技术的迅速发展，我国传统的人才培养模式逐渐暴露出它的弊端，每年都有大量的毕业生涌向社会，但真正符合电子商务人才需求的却不多。电子商务发展很快，信息技术和网络应用技术进步很快，为适应社会主义市场经济的需求，高校必须以社会需求为导向，明确人才的培养目标，积极探索新形势下的人才培养模式。人才培养模式，就是学校在一定培养目标的基础上，为实现目标并且围绕目标组织起来的比较稳定的教育教学活动的结构样式，即通常所说的"培养什么样的人"和"怎样培养"的问题。构建新型培养模式，高校教育除了培养学生基本能力、教授基本知识，更重要的是培养学生对新生事物的适应能力、面临全新问题的自主解决能力、迎合未来发展趋势的创新能力，进而培养出具有社会竞争能力的学生。

电子商务教育要进行创新，要建立一种既能面向企业、培养出企业急需的实用型人才，也能进行相应的电子商务理论研究的高级专门人才的新型培养机制。校企合作是提高电商人才实践和创新能力的有效方法，且能缓解电商企业"招人难"和电商毕业生"就业难"的矛盾，利用高校优秀的教学资源结合企业优秀的实践经验，共建实用的电子商务人才培养体系。电子商务专业自身的一个特点就是需要与行业结合，探索电子商务行业解决方案。在深入行业的同时，不仅为学生提供了实习的机会，也为教师的研究提供了方向，提供了研究的课题，提供了走向社会、研以致用的机会。构建校企长期合作机制，需要政府的引导，企业和学校的参与。政府在这里作为一个引导者，需要为校企合作建立相应的机制和法规，为校企合作创建良好环境。企业和学校通过双方长期利益的共同点、关注点，建立合作平台，构建运营体系，开展多样化的合作。通过合作，学校可以提升自身的专业教学水平，创新人才培养模式，提升学校的影响力，使其得到行业的认可；另外可以提升学校电商专业的招生能力，提升学生就业质量，为学校创造营利性收入。与此同时，刚毕业的学生即拥有相对全面的电商理论知识和实践操作技能，而企业花费较少的成本就可以获得满足自身需求的人才。

**2. 学历教育与培训相结合，完善人才培养体系** 电子商务是一场社会经济领域的重大变革，我们要培养合格的创新人才，就必须构建一个能主动应变、能响应创新潮流的"教育＋培训"的网络体系。要加强电子商务管理人员的继续教育和岗位培训，需要充分利用高等院校、科研院所、信息化培训机构的力量，根据不同行业、不同对象和不同需求，有针对性地培养一批掌握先进管理手段和现代信息技术的电子商务人才，重点培养急切需要的高层次应用人才，为发展电子商务提供人才保障。其中要加强重点企业集团信息主管队伍建设，要加大人、财、物的投入，寻找适合现有电子商务管理人员实际情况的培训方法和有效途径，从普及电子商务、网络经济基本知识着眼，从操作技能着手，有针对性地开展专题讲座，组织短期培训和知识测验，增强学习效果；全面提高从业人员的信息意识和技术水平，培养和吸引既懂信息技术又懂业务流程和商务知识的复合型人才，为企业电子商务实施提供人才和技术保障，培养具有较高创造力的创新人才。针对当前培训市场不够规范的局面，政府机构若能出面，利用独有的资源和影响力，从全社会着手搭建，会取得更好的效果。

**3. 推动电子商务国际化人才建设** 电子商务无国界，国际化人才的培养十分重要。自 2000 年国家经济贸易委员会（以下简称"国家经贸委"）对社会宣布所有贸易系统均采用电子商务方式以来，几乎所有的外贸企业和拥有进出口权的企业都迫切需要大量电子商务的专业人才。通过国际合作和竞争，培养国际化人才。采用考试成绩互认、国际考试国产化、引入国际上内容及技术先进的考试培训项目等方式，使电子商务培训课程和考试认证体系努力与国际接轨，培养国际化的电子商务人才。比如华南理工大学与 IBM（中国）有限公司签订协议，正式合作开设电子商务学科。教育的国际合作是基于对"电子商务和网络经济将成为全球未来的重要经济模式之一"的判断，是为了促进中国电子商务学科的发展，满足信息化时代对电子商务技术及人才的迫切而巨大的需求。

**4. 加强电子商务师资队伍的建设** 教师素质高低直接影响人才培养目标的实现，要大力培养合格的电子商务教师队伍，不断提高他们的理论素养和知识水平，以适应日益增长的社会需求。在电子商务师资队伍建设上，作为学校除了重视职称结构、学历结构外，还应采取不拘一格的方式来扩充提升自己的师资队伍。第一，制定和完善兼职教师聘用制度，支持面向社会聘用实战经验丰富的工程技术人员、高技能人才担任专业课教师或实习指导教师，尤其是聘用本系毕业并已有多年实践工作经验的高才生回校讲课，充实学校的教师队伍；第二，鼓励专职教师参与企业实际营运，每学期选派教师到企业中挂职锻炼；第三，加大教师培训力度，选拔部分教师到更高的学府去深造，并鼓励动员教师进行一些创新型的教学改革。

## （三）完善电子商务企业的人力资源管理机制

电子商务为企业提供大量的市场机会，帮助中小企业提高经济效益、降低成本，更好地适应市场变化。企业应真正了解电子商务的作用，为了更好地使用人才及留住人才，需要完善企业自身的人力资源管理机制。有效的人力资源管理不仅可以避免不必要的人才流失带来的负面影响，还能调动员工积极性，改善企业运作效率，为企业赢得竞争优势。

**1. 合理储备电商人才**　电商人才匮乏会拖慢企业发展，电子商务企业要有意识地做好新人员的储备，保持公司拥有长久的驱动力。因为只要找对一个方法，订单就可以成倍增长，但是企业的成员、仓库、货源是一个物理增长的趋势，所以有意识地做人才储备十分有必要。除了企业、社会培训机构主动培养电商人才外，电商企业自身应该根据员工的专业特长来安排岗位，不苛求每个员工都具备多种知识，这样既能调动其积极性，又能使其感受到自我价值的实现，有效保证电商人力资源的稳定性。另外，企业应由"熟手策略"逐渐向"内部发展策略"转变，并在招聘、培训、人员发展中着重文化价值观、学习能力、推动变革能力的考量，以匹配电商企业快速发展变化的人才需求。

**2. 做好岗位工作分析**　为避免企业中会存在人员无法胜任的尴尬现象，人力资源部应该做好工作分析及职位设计，明确各个岗位的工作职责。大多数企业岗位设置和职位描述需要领导层做最后决定，因此人力资源部应加强与领导层及用人部门的沟通和协调，更好地完成企业的工作分析。此外，企业在做好工作分析的基础上建立绩效考核体系，将绩效考核与各岗位的职责更好地结合起来，为员工管理、合同管理、岗位变动、晋升、培训、奖惩及职业生涯规划提供有效的依据，使企业更好地完成员工招聘任务，并完善竞争机制。

**3. 实施合理有效的激励**　企业的发展需要员工的支持。管理者应懂得，员工绝不仅是一种工具，其主动性、积极性和创造性将对企业生存发展产生巨大的作用。而要取得员工的支持，就必须对员工进行激励。要想激励员工，又必须了解其动机或需求。每个管理者首先要明确两个基本问题：第一，没有相同的员工；第二，不同的阶段中，员工有不同的需求。激励机制的构建就是要综合运用不同激励策略。激励的方法很多，较为常见的有目标激励、情感激励、培训和发展机会激励、荣誉和提升激励。企业管理者需要合理地配合及运用激励资源，最大程度激发员工的创造性和积极性，减少非良性的人员流动。

**4. 完善企业机制和培养良好的企业文化**　一个完善的机制能够为企业员工提供一个相对宽松的工作环境，能够让人才在无后顾之忧的情况下，尽情发挥自身的优势特点，以有限的资源为企业带来尽可能大的效益。电子商务企业需要建立一种机制，确保公司各部门与其他部门的人员良好合作。合作精神是通过对群体意识的培养，通过员工在长期的实践中形成的习惯、信仰、动机、兴趣等文化心理，来沟通人们的思想，引导人们产生共同的使命感、归属感和认同感，反过来逐渐强化合作精神，产生一种强大的凝聚力。

良好的企业文化是一种无形的力量，它能够鞭策员工共同为同一个远大理想而奋斗，其能产生的能量也是惊人的。相对于传统企业来说，电子商务企业，一般都是年轻人，很多都是刚出校门不久的大学生，他们有自己的思维方式，有自己的新时代的世界观，他们活泼、积极，如果能散发出活跃的文化氛围，就能够使其他员工每天也以积极的工作热情投身自己的工作岗位。此外，企业要想在未来的全球化竞争中占有一席之地，就必须突破传统的思想禁锢和思维定式，大胆创新，结合公司的实际，明确现在及制订未来企业文化发展的目标。总之，企业管理者应该把企业文化的塑造当成日常工作的一个重要方面，落实到企业发展的每个阶段，在不同的阶段制订出不同的企业文化发展方针，大胆创新，走适合自己企业发展的文化道路。

### （四）提高电子商务人才自身竞争力

二十一世纪，每个人都面临着越来越激烈的竞争，每一个有志之士都渴望在竞争的人群中脱颖而出，并且成就非凡的事业。电子商务人才、尤其是应届电子商务专业毕业生找不到工作的主要原因是自身缺乏竞争力。对于一个目标职业，有着许多竞争者，他们所具有的知识结构与素养，也许在企业或者组织看来不具有优势。因此，如何提升自己的竞争力与优势是一个非常重要而且迫切解决的问题。

**1. 进行职业生涯规划，提升自身职业素养**　电子商务是近些年发展起来的行业，因此具有很大的发展前景，在发展中也出现了很多不同的情况，这对于电子商务人才来说是一个机遇也是一个挑战。因此做一份好的职业生涯规划对于其更好的就业有很大的指导与规范借鉴作用。好的职业生涯规划，首先要认清自己当前的情况，然后了解相关专业的市场发展情况，了解就业条件、前景，了解自己的优缺点，再把握自己的职业机会，再次确定自己的目标。最后制订最可行的行动方案，包括近期与远期的行动方案。

电子商务专业学生除了应具备全面的电子商务知识和系统的电子商务思想外，还应该在软件技术、网页技术、市场营销与国际贸易的知识与实践、生产管理、供应链管理、客户关系管理、项目管理等方面拥有特长。一份好的职业发展规划可以明确自身的发展方向，进而选择自身喜欢及擅长的电商领域进行发展。对于应届生来说，较早地做好职业生涯规划，可以在读书期间就为将来毕业做好准备。对于电子商务从业人员来说，一份明确有效的职业生涯规划可以帮助自己在确定了自身的发展方向后得到更快的发展。

职业素养是指职业内在的规范和要求，是在职业过程中表现出来的综合品质，包含职业道德、职业技能、职业行为、职业作风和职业意识等方面。在电子商务职业能力素质方面，根据我国电子商务研究中心对我国电商企业人力资源部门调查得到的数据显示，电商人才最需必备的前四项职业技能是：规划、策划能力，项目执行能力，创新能力和市场开拓能力。

电商人才需要学会自我培养。首先，要培养职业意识，对自己的未来有规划。其次，配合学校或企业的培养计划，完成知识、技能等显性职业素养的培养。再次，有意识地培养职业道德、职业态度、职业作风等方面的隐性素养。核心职业素养体现在很多方面，如独立性、责任心、敬业精神、团队意识、职业操守等。职业素养的自我培养应该加强自我修养，在思想、情操、意志、体魄等方面进行自我锻炼。最后，还要培养良好的心理素质，增强应对压力和挫折的能力，善于从逆境中寻找机遇。

**2. 完善自身综合知识体系与实践操作能力** 电子商务人才所具备的知识结构应包括以下四个方面，信息技术、商务知识、将信息技术应用于商务领域的知识和特定行业的特定知识。前两方面的知识属于电子商务的基础知识，第三方面的知识属于电子商务的理论知识，第四方面的知识属于电子商务的应用知识，它们形成电子商务专业的整体知识架构。对于电子商务专业的学生来说，在信息技术平台上开展电子商务的相关知识也需要掌握，如商务安全、供应链管理、网络营销。

对电子商务人才来讲，只有当知识积累到一定的程度才能做到创新，才能开发出符合现代信息技术条件的电子商务模式或解决方案。因此，电子商务人才必须以成为具有创新能力的复合型人才为目标。这些知识包括：熟悉信息技术，能够将商务需求转化为电子商务应用；熟知一些电子商务环境下的商务运作方式和模式；理解电子商务环境下的商务组织、管理和业务方式及其特点；具有完整的电子商务观，理解电子商务是整个商务运作体系的变革。学生可以利用学校资源加强自身知识的储备，电商从业人员则可以通过在职培训，自我进修等方式不断完善自身的知识体系。

此外，电商人才尤其是应届毕业生，自身实践操作能力尚不强，对于这一点，不能把责任全部推给学校，学生自身也应承担一部分责任。学生在这一方面应该主动做好与社会的对接，积极利用课余时间、寒暑假及节假日到相关企业进行实践锻炼，提高自身的实际操作能力。学生可以积极参加相关的技能竞赛，如中国电子商务大赛，各省及各校组织的电子商务大赛。在比赛中，学生可以将学到的理论知识进行实战运用，同时，学生在团队组建过程中，可以培养自身的协调及创新能力，获得的奖证也可以为学生就业加分。

**3. 树立国际化竞争意识**　我国电子商务越来越朝向国际化趋势发展，个人要想能够在电子商务行业得到长远的发展，必须树立国际化竞争意识。总体来讲，个人国际化发展策略主要包括以下几个方面。

（1）积极适应数字生活的环境。要顺应数字时代的发展要求，不断学习新知识并更新自己的知识体系，尤其是要掌握必要的计算机、网络和其他高科技、现代化信息设备的使用方法和国际电子商务技能，逐渐适应数字生活的环境。

（2）培养国际交流和竞争能力，使自己真正融入国际大环境中，以便更好地参与国际电子商务发展。

（3）学习各国商贸知识，了解和掌握国际商贸活动的规律和准则，了解各国的民俗、法律、习惯做法，并加以灵活运用。只有这样，才能在国际商贸活动中运筹帷幄、掌握主动。

（4）建立良好的公德意识，树立个人国际信用。国际电子商务环境相比国内来讲，具有更多的不确定性，因此，个人应该具有良好的商务公德意识，进行诚信贸易。

**4. 具备较高的职业道德水平**　电子商务市场是凭借着互联网技术的优势所建立起来的交易市场，其与传统商务市场在商品识别、支付手段上存在着一定的差异，因此在市场诚信问题上，电子商务市场的诚信水平就更为重要。电商人员是电商业务的主体，当前电子商务中存在的诚信问题，归根结底与电商人员职业道德水平低不无关系。电子商务要想获得长久的发展，需要诚信的商务氛围。电商从业人员，既要有良好的业务素质，更要有较强的政策观念和职业道德水平，要积极宣传和自觉遵守政策法规，同时做到自我约束，求真务实，保证电商交易的合法、真实。一个有高尚职业道德的电商人员，必然也是在遵纪守法方面不含糊、不懈怠的。这样的人多了，就能有效地减少电商交易过程中的违法乱纪行为，为电子商务的发展创造一个良好的诚信环境。

# 第四章

# 电子商务人才培养现状分析

## 第一节  电子商务人才培养现状

数据显示：国内近 2/3 的电子商务企业处在招聘高峰期，逾80％的企业人力资源部门被招聘问题困扰，43.18％的企业极缺各类电子商务人才。互联网用户正以平均每年 100％的速度递增，行业的人才缺口相当惊人，预计我国在未来 10 年大约需要 200 万名电子商务专业人才。面对如此庞大的用工需求，电子商务学生应该是炙手可热的，然而现状并非如此，电子商务专业毕业生就业率远低于全国毕业生平均就业水平。目前，电子商务专业人才状况不容乐观。

据访查，大多数企业认为当前电子商务专业的学生专业技术水平远低于岗位能力要求水平。主要表现在以下几点：

**1. 学生知识系统不全面，无法达到企业要求**  电子商务是一门综合的交叉学科，涉及了市场营销专业、物流专业、计算机专业及电子商务等多专业知识，对于人才模式的需求，更倾向于复合型人才，要求学生既要懂得营销策略、物流运输，又要掌握计算机基础、电子商务平台操作等，学习该专业的学生在人才竞争中的优势就是知识的综合运用能力。在有限的学习时间内要同时掌握多领域专业知识，无疑是个极大的挑战，因此很容易导致电子商务专业的学生知识系统不全面。

**2. 学生实战能力不强，职业能力与企业要求有所偏差**  电子商务是一门实操性强的学科，除了要求学生具备一定的理论知识，更要求学生具备较强的实操能力。但基于高校人才培养模式以及教学条件的局限性，大多数高校的电子商务专业课程体系侧重学生的理论知识，导致了电子商务专业毕业生的职业能力与企业要求的实际操作能力严重偏差。另外，实战项目的缺乏也是造成该现象的原因之一。

**3. 专业设置不合理，学生岗位定位不清晰**　电子商务专业是一个新兴的专业，目前，很多培养模式并不成熟，大多处于探索阶段，据统计报告，24.68％的企业最缺美工人员，24.29％的企业最缺运营人员，22.6％的企业最缺推广人员，19.77％的企业最缺客服人员。从数据可看出，美工岗位及运营岗位人才需求比重略大，然而目前高校的人才培养模式都是统一化的，没有岗位的针对性，因此大多数电子商务专业的毕业生对自己未来的就业岗位定位不清晰，甚至有些毕业生根本不清楚电子商务企业到底有哪些具体岗位，因此大部分毕业生对未来要从事的职业感到迷茫，对企业而言，无疑也是个极大的挑战。

# 第二节　电子商务人才培养中存在的问题

## 一、基于行业导向培养应用型人才的师资困境

无论是哪类学校，也无论是何种层次的学校，要想培养出类拔萃的优秀人才，就必须满足多项条件，其中，专业的设置、科学合理的课程开发与实施，实训条件以及师资队伍都是不可或缺的必备条件。在诸多条件中，师资队伍是最基础、最核心的。因为影响学生发展的各种因素中，教师是最基本、最具作用力和最具决定性作用的因素。要想培养何种人才，必须得先有何种教师；要想进行何种人才培养，就得先组建何种师资队伍。师资队伍，如同物理学中的"力"，是一个矢量概念，不但有大小之分，也有方向之别，更有结构上的集合概念，三者耦合构成了"合力"共同体且不可断裂或缺失，因此说，教育师资问题，既有"点"问题，也有"线"

"面"问题，更有"体系""时空"和"环境影响"问题。它的构成既与个体教师的素养总成相关，同时又与整个教师群体的素养总成和结构关系有关，"方向一致、结构合理、大小适度"，方能构成完整有力量的师资队伍，进而实现特定的人才培养目标和规格。想要理解"矢量"的师资队伍，需要从多个维度进行系统的考量与思考。

"工欲善其事，必先利其器。"基于行业导向培养应用型人才，最需仰仗的是"双师型"和"实践型"教师，即既能讲授专业理论知识，又能指导学生专业实践活动，更能将理论与实践相贯通的复合型教师。也就是说，作为高校基于行业导向培养应用型人才的教师，除了需要有扎实的专业理论知识以外，还需要有足够的专业实践教学能力，更需要将二者融会贯通的能力。专业导向人才培养模式把师资队伍二分为"理论型"教师和"双师型"教师，这在行业导向人才培养的实践中有着明显的缺陷，因为在行业导向的人才培养过程中，对于实践能力以及实践与理论知识的贯通能力有着更为细致和精深的要求，既要"理论扎实"，又要"技能娴熟"，对于高校的教师并非易事。鉴于行业导向培养应用型人才面向岗位群需要的针对性和特殊性，可以把师资队伍分为"双师型""实践型"和"理论型"，其比例结构一般为 1∶5∶4 或 2∶5∶3。"双师型"师资的培养有两条路径：一是从理论走向实践，一是从实践走向理论。无论是哪一种路径选择，教师最终都需要达到理论与实践的融通。

系统性的师资队伍需要顶层设计，需要资金持续投入，需要文化与制度双重作用，要应教育内外部环境的变化而调整，需要时间与实践研判，"双师型"和"实践型"师资的培养，需要学校与企业共同努力，更需要政府、行业协会的扶持；需要利益机制的配套，更需要时间的积淀；需要教师自身的执守，更需要社会的价值认同。当然，要想建立系统且完整的教师生态，其实施难点和焦点问题远不止"双师型""实践型"师资的紧缺，还表现为师资总量、师资整体结构、教师自身素质、教师培养机制等方面的突出矛盾和问题。但是，相对而言，"双师型"及"实践型"师资的紧缺是当下的主要矛盾，是影响基于行业导向培养应用型人才的关键或"阿基米德支点"。

## （一）师资结构不合理

师资的关键点在于结构，师资队伍质量的关键点也在于结构，因为师资的结构影响甚至决定着师资的功能。结构优化且功能耦合，师资队伍才能展现出应有的价值和意义。师资结构优化存在一个过程，是学校不断建设发展的产物，并不是所有学校一开始就拥有一支结构合理的师资队伍。高校人才培养也是从早期"借师资"，之后发展到"引师资"，进而走向"挖师资""选师资"以及"育师资"三者相结合。当然，这个过程是渐进的，是高校不断适应社会发展需要，自我调整、自我适应的过程。在此发展历程中，师资队伍的重要性越来越得到高校创办者和办学者的高度重视。

目前，师资队伍建设中的突出矛盾是师资结构不合理。我国高校师资队伍结构不合理，主要表现在全职、兼职教师数量结构比例不合理、年龄结构不合理、学缘结构不合理、学历和职称层次普遍偏低以及教师队伍不能适应行业导向人才培养更加细致的需要等诸多方面。这些问题或不足，直接或间接地对基于行业导向培养应用型人才产生着影响。

**1. 兼职教师比例过大**　稳定是质量的基础与保障。高校的教师主要由本校自有的专职教师、退休返聘教师和其他学院兼职教师以及与企业共同培养与使用的兼职教师等四类组成。有学者基于"百所民办高校"的调查统计反映：在103所被调查的高校中，不具备专职教师的学校约占1/10，全职教师人数未达到40人的学校超过一半，兼职教师超过40人的学校占近3/4，超过200人的学校约占1/10。通过对北京市主要高职院校的调研发现，兼职教师比例呈逐年上升趋势。同时，调研发现其中一所高职院校的兼职教师比例高达60％。这一调查结果表明高校兼职教师所占的比重过高，这也侧面反映了高校师资队伍的稳定性不高。而优秀、稳定的师资队伍是保障和提高教学质量的重要前提。兼职教师的工作重心往往在本单位，或往往以本单位的本职工作为核心，兼职工作具有副业性质，对其自身而言，往往属于可有可无的范畴，其稳定性往往不如全职教师。

兼职教师就如同交响乐队中的辅助配器的乐器，如果配置得当，可以对师资队伍的优化起到调剂甚至是"催化"作用。但是，兼职教师所占比例过大，就会适得其反，不仅不和谐，而且会滋生很多管理问题和矛盾冲突。例如，兼职教师的工作时间受其本职工作时间的影响，不便于代课时间的合理安排，难以建立与民办高校间长期的合作关系，教学效果和质量就无从保证。在上课时间安排上，高校不得不将返聘教师和兼职教师的空余时间作为授课时间，由此可能会引发排课不科学、不合理的现象，同时也会导致教学改革等无法顺利推进，教学管理无法实现规范化等很多问题，会严重影响教学质量和学生的培养。

**2. 教师年龄结构"两头大中间小"** 大多数高校的教师以退休教师和年轻硕士毕业生为主，具有鲜明的"一老一少"特征，相对缺乏有体力、有学识、有能力、有水平、有经验的中年教师，教师年龄结构呈"两头大中间小"的"哑铃结构"。

目前，大多数高校主要聘用退休的老教师和吸收刚毕业的硕士生走上教师岗位，吸引丰富教学经验丰富的中年教师仍艰难异常。这种师资队伍结构具有很大弊端，容易造成师资梯队断层，一旦年龄较大的教师离开教学岗位，而青年教师的能力水平又不足以支撑起整个专业的教学工作，就会严重影响学校教学水平。从某种意义上讲，师资队伍的稳定性就是教学质量的稳定性，师资队伍的稳定就是教学质量稳定的前提和保障。因此，高校理当按照以老为导、以中为主、以青为补的老中青有机结合的原则，加强师资队伍建设，构建科学合理的教师队伍。当然，这项工作不可能一蹴而就，可谓任重道远。

**3. 教师学历或职称整体偏低** 学历或职称是教师教学能力的重要判定依据，有"门槛"性质，但也非绝对或唯一依据。高等教育以高深知识为基本加工材料，培养高层次专门人才，因而高学历或高职称是必要的。当然，对于那些学有所长、有真才实学的低学历、低职称的人才，我们也要海纳百川、不拘一格。

高校专任教师里，拥有博士学位的比例很低，仅仅是 3.0%，拥有硕士学位的也只有 18.7%；拥有正高职称的是 15.2%，拥有副高职称的 5.1%。交叉比较，在拥有正高职称的教师里，拥有博士学位的是 15.2%，拥有硕士学位的是 28.1%。能有这个数字还是因为独立学院的师资队伍中，高职称、高学历师资比例较高，整体上拉高了民办高校高学历、高职称教师的比例。可见，民办高校教师队伍的学历结构、职称结构均有待完善和提升。

**4. 教师学缘结构不合理且知识、素质储备与行业需求脱耦**

教师学缘结构就是高校的基因结构，基因组合不同，人才培养的结果就会大相径庭。教师学缘结构不合理，以及师资队伍的知识、素质储备与行业导向人才培养脱耦会严重影响人才培养的质量。如果教师都缺乏行业、企业岗位所需的专业知识、技能和素质，师资队伍不匹配或跟不上高校的人才培养定位，其结果可想而知，势必会直接影响其培养人才的质量和规格。就如同要在红楼梦里寻找孙悟空的七十二变，不仅不可能而且会有些荒谬。这种"脱耦"随着中国经济转型的节奏加速和社会发展中各行各业"大国工匠"等应用人才缺失的频度、强度不断加大，越来越成为制约行业大学、地方本科与高职院校、民办高校等应用型高校人才培养的"瓶颈"或"死穴"。

要想面向行业培养应用型人才，就必须要长期建设、长期储备一支素质过硬、能力适当、结构匹配的师资队伍。与此同时，还需要对现有的师资队伍的结构进行持续不断的提升、改造和升级。主要在三个方面提升教师的整体素质。

一是基本素养，包括：①高度的责任心、端正的职业态度。②扎实的知识储备，优化的知识结构。③较强的教育教学能力、较高的学识、良好的表达能力、强大的自我调控能力、科研创新能力、反思批判能力。④熟练的现代教育技术掌握能力。⑤身心健康。⑥善于交际和沟通。⑦善于创新、环境适应能力强。

二是专业素养，包括：①专业理论知识。②学科发展的前沿理论。③企业运行的规律与常识。④经济常识理论。⑤跨学科或跨专业的多元知识储备。⑥教育学和心理学知识。

三是专业实践素养，包括：①进行实训的能力。②产学结合、学研结合的科研能力。

总之，当前基于行业导向培养应用型人才的高校在师资队伍结构上的突出矛盾呈现为"专兼职比例不匹配""一老一少，两头大中间小""学历结构不合理""学缘结构不合理""与行业导向培养人才的知识素养的结构要求脱耦"等。不同类型的教师存在自身的优势，也存在自身的劣势：来自高职院校的教师有实践知识与技能，却无高学历与系统的专业理论知识；新引进的硕博士教师有学历和系统专业知识，却可能缺乏实践知识与技能。随着行业导向人才培养的师资结构矛盾的日益凸现，需要高校要做很多基础性工作，如强化"双师型"的专业带头人的培养，对青年教师强调教师资格证＋专业证书的"双证"制度；改变以"职称"为标准"一刀切"的教师评价制度；强化与行业、企业的联合教师培养等。当然，行业需求往往具有地方性，各高校应该根据当地行业发展的现实水平和实际需要，因地制宜、行之有效地调整师资队伍结构，以主动适应行业发展及其相关人才培养的需要。

## （二）教师学术或科研能力欠缺

不学无术，不研无教。可以说，学术或研究是教学的"维生素"，没有学术或研究，教师的新知识从何而来？高校以高深知识为基本材料培养高层次专门人才，教师必须闻道为先、明业为先、解惑为先，即教师的研究或学术必须走在教学的前面。当然，学术或科研水平与教学水平并非一一对应，前者也不是后者的充分条件，但却是后者的必要条件。目前，我国许多高校的教师队伍，在教学质量、学术科研能力发展上存在不同程度的短板，这已成为行业导向人才培养质量的最主要制约因素。

高校教师发展面临双重制约：既有邬大光教授所言的习惯性"车辙"，也有常人可见、可感的现实性"困境"。受各种主客观条件限制，我国高校教师很难形成学术交流、学术合作的共同体，教师的学术热情和抱负受到限制。从目前的情况来看，在我国大部分高校中，受规模发展和资金短缺所困，更多的是把教师作为上课"机器"，许多教师的工作主要是教学，很少涉及研究工作，对于课题申报缺乏兴趣甚或不闻不问。除职称晋升外，高校教师在个人职业发展需求上对于研修、培训、学术会议等有助于科研水平提高的机会需求得最为迫切，高校教师科研培训需求中对于资金支持的需求超50％，科研培训或学术会议等机会的匮乏、支持资金的短缺仍然是削减教师个人科研学术发展热情的主要因素。有些高校的投资者和管理者认为，学校的办学资金和办学条件都无法支撑学校开展科研活动。有些高校教师也认为，只要提高了教学水平也就解决了高校所面临的教学和科研关系的问题。同时，很多高校教师的报酬直接与上课的课时量挂钩，这就进一步让高校教师很难对科学研究和学术发展抱有一定的热情，只关心教学课时的多少。

　　学校没有研究就无法"领跑"，只能亦步亦趋地"跟跑"。教师没有研究，就没有专业话语权，就容易随波逐流；管理者没有研究，就容易人云亦云；学生没有研究，就难以成为创新型拔尖人才。高校的人才培养已经脱离了早期"助学"阶段，正在逐步摆脱"效仿"专业人才培养方式，随着生源市场竞争的不断加剧，随着专业导向人才培养模式与社会需求的差距不断加大，随着国家经济转型对于应用型人才数量及质量需求迫切程度的不断升温，高校无论自觉不自觉都要走向高质量、有特色的发展轨道，这是高校现实生存和未来发展的立根之本和生存之道。因此，如何面向社会各行各业鲜活的社会需要基于行业导向培养应用型人才，这是个问题，且是个系统性的问题，要想解决这个问题，就必须适时适度地开展研究工作，没有研究就没有专业话语权，就容易人云亦云，因此，民办高校必须要适应时代的新要求，以专业为建制，组织和发动教师参与面向行业需要、面向解决实际问题的研究，学校要配套相应政策，建立匹配的体制机制，提高教师对学术和科研的认识、兴趣，这同样需要一定过程和时间，如同师资结构的调整，需要循序渐进，需要"文火慢炖"。

### (三)"双师型"师资队伍存在短板

"双师型"教师是理论素养和扎实的实践能力与实际工作经验相结合的教师。"双师型"教师是应用型人才培养的生命线，是应用型人才培养的奠基石，是应用型人才的锋芒所在，他们能让教师塑造了学生的理论知识与实践经验双丰收。但是，目前还面临如下困境。

现实中"双师型"教师队伍占比有待进一步提升。虽然教育部并未明确下达"双师型"教师最低比例标准，但很多省市都自行定下了各类职业院校的 2020 年"双师比"目标，如广东省要求 60％以上、济南市要求达到 75％、浙江省要求 80％以上、成都市要求达到 85％。相比之下，北京市绝大部分高职院校在"双师型"教师比例上已落下一截。

对于现今高校"双师型"教师匮乏的问题，要想解决，需要高校与社会行业、企业的通力合作，需要高校卜大功夫、硬功夫和苦功夫，这是需要深度的校企合作、产教融合来共同培育、联袂培养应用型人才的原因之一。当前，高校"双师型"师资队伍综合素质欠缺，主要表现在以下两个方面：

(1)校内教师理论教学水平高而缺乏实务操作能力。高校的教师大多是普通高等学校的毕业生中的本科生或研究生、普通师范学院毕业生和从各类学校调入的教师。这些教师大多接受的是学术型培养模式的教育，没有在行业企业一线岗位工作的经历和体验，大都直接从学校到学校，实际动手操作能力普遍比较差。他们具有一定的专业理论基础知识，但缺乏指导应用技术型高校学生的实践技能，对应用技术型高校所强调的行业本位、能力为主的教育的理解深度往往不够，重理论、轻实践的观念普遍存在，又由于缺乏完善的应用技术高校师资培训体系，在很难适应培养高技能应用型人才需要的情况下，大部分高校教师也没有机会得到外界的帮助而提升自己，只能靠经验的积累和自我提升去进步，这对于教育教学质量无疑存在负面的影响。院校内的全职教师或者"双肩挑"人员对于实践教学基地和平台的开发建设、与行业企业开展产学研合作等维度上的培训需求高于校外兼职教师，而校外兼职教师中很大一部分是来自于企业的一线人员，故培训需求远远高于此类校外兼职人员。另外，对于教师的实践教学水平和能力，也没有一个科学合理的考核标准。对高校教师的考核和评价仍还是以教学工作为主，这种考核和评价体系有意无意地弱化了高校教师实践教学水平提高的重要性。

（2）校外兼职教师实务操作能力丰富而教学水平有所欠缺。高校也在尝试从行业、企业等用人单位聘请高技能的兼职教师，这些教师实践经验丰富、专业技能高超，授课结合实际、生动鲜活，深受学生们的认可和喜爱。但是由于兼职教师对学生学习的基本情况缺乏深入了解，缺乏基本的教育教学以及心理学知识，因而与学生磨合适应的时间可能较长，也不能完全做到个性化教学。此类教师相较全职教师而言，在教师职业素养及教师形象、沟通技巧等方面有所欠缺，在教师职业素养及教师形象、沟通技巧等方面培训需求更甚些，最重要的是，兼职教师的教学大都以"短线""兼职"为主，不可能做到以教学任务为主，因而在时间上很难保证教学的连续性、整体性、科学性和合理性，尤其是无法承担需要较长教学时间的课程。同时这些兼职教师们的主要雇主依然是企业。在长期的教学任务中，他们的教学进度无法保证、教学效果也会大打折扣。

"双师型"教师队伍的完善，需要教师自身转变固有思想和以知识教学为主的教学理念，需要学校的积极推动，建立一个教师互相沟通交流的平台，并积极与行业、企业合作。高校"双师型"教师难以培养的原因之一就是教师缺乏发展的平台保障和支撑，缺乏便利的工作条件和充足的上升机会。与行业企业的合作能够让教师有更多的用武之地，能够去拓宽实践经历、增长实践经验和能力、提升自我、更好地实现自我抱负，达成培养应用型人才的组织愿景。当然，这需要行业企业的融入，为教师的实践能力发展创造机会。同时，高校还可以聘请行业企业的"能手"或"中坚力量"充当学校的兼职教师或实践教师，为学生们带来新的视野和更为生动的教育教学。比如，北京城市学院就努力聘请了一批企业生产与管理一线的实践专家组成"实践型"和"双师型"教师队伍。

关键性细节决定成败。高校为了吸引与应用型、高职人才培养相适应的高水平的理论教师，应稳定一批与行业岗位群需求高度契合的高水平的实践教师，在与企业、行业的协作中，将这两支队伍不断融合、优化与提高，避免其流失，并从中选拔培养出一定的"双师型"教师成为学校师资队伍中的顶梁柱。这个过程是个系统工程，高校要高度重视，要有相应的资金支持，给予教师们合理的物质保障和提供愉悦和谐的工作环境，为其提供学习、晋升的平台，帮助他们实现自我价值。这个过程需要高校有足够的耐心和远见。摩天大厦并非一日建成，但却可能一日崩塌。这就更加要求高校要在师资结构这类关键点上下功夫。当然，政府、行业协会的扶持与帮助也是必不可少的。

综上所述，师资队伍建设是高校基于行业导向培养应用型人才的"擎天柱"和"架海梁"，是应用型人才培养的"发动机"，是应用型人才培养质量高低和有特色与否的"试金石"，正因如此，师资队伍建设需要高校要高度重视。首先，要有顶层设计并且规划先行，凡事预则立不预则废，要强调矢量思维或向量思维，即整体的多角度思维，要立基于自身的办学条件，根据地域性发展需要对自身准确定位，使得人才培养的目标清晰、办学方向明确。其次，在师资队伍建设过程中，要有破有立、有缓有急、有收有放，除了学校自身要加大投入以外，还应大力争取国家政策的扶持，行业协会的襄助；在与行业、企业的协作中因势利导、资源整合，实现互利双赢。同时，要"抓牛鼻子工程"，在"实践型"和"双师型"师资问题上下真功夫、苦功夫、硬功夫，将解决这个问题列为首要目标。当然，师资队伍建设特别是以"双师型"为主导的师资队伍建设需要循序渐进、顺水推舟、顺势而为，需要高校的创办者和办学者拥有足够的定力和耐心。特别是在师资队伍建设的突出矛盾、焦点问题上投入足够的精力、人力、财力和物力，方能聚沙成塔、集腋成裘，最终实现应用型人才培养的初衷。

# 二、基于行业导向培养应用型人才的课程困境

　　课程是最重要的教育媒介，是落实人才培养目标的要件和关键，是大学人才培养改革的重要节点，是提升大学影响力的主要抓手，更关系到学校的兴衰。基于行业导向培养应用型人才，必须有相应的课程与之匹配、为其提供支撑。也就是说，如何设置相应的课程设置，是基于行业导向培养应用型人才的关键。课程体系须保持一种开放的、动态的结构，及时地追踪相关领域技术发展的最新动态，及时了解社会职业岗位的变化及其对学生能力与素质的要求，然后把这些变化和要求体现在课程中，增强其针对性，使培养的人才能跟上时代发展。经过考察专业导向人才培养模式，我们不难发现其课程设置存在以下问题，这也是从专业导向走向行业导向的人才培养模式改革必须要面对和克服的困难。

## （一）课程目标脱离行业需求

　　课程不仅仅指一门教学科目，而是指列入教学计划的所有活动，以及有利于实现培养目标的文化总和。大学课程目标不仅仅包括学科知识目标，还应该包括技能目标、文化目标以及价值观目标。课程目标也是教育目标和培养目标的具体化，是课程内容的选择、课程的实施以及课程评价的主要依据。具体而言，课程目标主要包括学校教育目的、学生培养目标、教师教学目的和教学目标．

　　**1. 课程目标难以突破"专业中心"**　专业导向的人才培养首先是以学科为导向，其次是以社会需要为导向。而行业导向人才培养的重要标识是直接面向需要，即面向社会需要、面向行业发展需要、面向专业发展需要。要面向社会需要和行业发展需要去设计课程、生成课程，要面向行业岗位群的发展需要和专业发展需要去组织和生成课程。据此，课程目标的制定应以社会需求、行业发展和学科特征为主要依据。然而，我国高校应用型人才培养的难点之一，就是课程目标难以突破"专业中心"。多数高校在人才培养中过分遵从"专业大纲"，完全按照全国统一大纲，而不考虑社会行业、区域经济、人才成长的实际需求，课程目标定位不明确，因为

课程目标的价值取向是"普遍性目标"取向,把一般教育宗旨或原则直接作为课程目标,使课程目标与教育的一般宗旨和原则相混淆,这样的课程目标往往具有普遍、模糊和有指令性的特点,可普遍运用于所有的教育实践中。"普遍性目标"原则是依据一定的哲学或政治见解而推演出的价值取向,而非具体的课程目标,不考虑社会经济、行业企业的发展和实际需求。

高校应用型人才的培养方向是培养学生的基本能力、专业能力和拓展能力,基本能力是指任何学习主体从事任何社会实践活动都必须具备的能力,如学习、思维、判断、沟通、身心调节能力,这些基本能力的培养采用"普遍性目标"原则获取是可取的。但是,培养学生某一专门领域所需的通用性知识和技能时则必须具备专业能力,如果依然采用"普遍性目标"原则制定课程领域中一般性、规范性的类似指导方针的课程目标,那么培养出来的学生只能是统一化的不具竞争力的劳动力,而非社会行业需求的应用型人才,其拓展能力的培养更是无从谈起,民办高校坚持的"普遍性目标"原则常常受日常经验的局限,常常以教条的形式出现,表现出一定的保守性和随意性,所以,对学生的拓展能力、迁移能力和创新能力的培养是负效应的。

**2. 课程不能根据行业需求及时地进行动态调整** "流水不腐,户枢不蠹。"课程的最大魅力在于它的"活性"。对于行业导向人才培养而言,僵死的课程是没有生机的,不能因地制宜的课程是没有前景的,不能与时俱进的课程是没有活力的。而我国部分高校办学者和教育者一直使用陈旧的知识和过时的教育理念,不愿与时俱进,教育理念与教育模式没有做到与社会的发展的同频同步,不能适时地调整和发展课程,导致办学水平和教学质量始终得不到提升。我国高校要根据行业导向培养应用型人才,"行业需要"与"专业发展"始终是一把"校尺","行业需要"强调要与社会、行业的发展接轨,适时地调整和发展课程,真正将行业发展所需的"行业岗位群能力"及相应的跨学科、跨专业的应用性知识融入课程之中,在课程组织和实施中,要根据行业发展的需要、岗位群的需要采取恰当的教学方法和教学手段；而"专业发展"则强调要按照教育规律，以学生为中心，按照学生的全面发展来设计与生成课程。二者相得益彰、互补共融。高校要不断地调整和改造课程设置和课程实施，使课程始终保持在"行业需要""专业发展"的健康良性轨道上，真正体现民办高校培养立德树人、德才兼备的应用型人才的办学方向。

## （二）不同类型的课程比例失衡

课程比例失衡会产生严重的不良后果。课程比例失调是一个课程结构问题。课程结构是指把学生在校学习的时间分成各部分，在不同的学习时间安排不同的课程类型，由此形成课程类型组织体系。研究者调查显示，各类课程的比重与人才培养规格和培养目标有着直接联系，各课程间的联系与配合以及课程内容的排序则关系最优化教学效果的显现。应用型人才培养的课程设置应该突出应用性，与研究型人才培养相比，课程设置应该加大实践、实训、实操课程的比例和课时量，提高这类课程在整个教学过程中的比例，增加学生实践的深度和广度。我们必须改变观念和认知，对应用型人才的特性要有新的认识，改变过去对实践课的低层次、固化的理解，不能单纯地把实践、实操、实训课看成简单的操作程序，要意识到理论课与实践能力培训要相互衔接、不能脱节。行业导向的应用型人才培养要求应以行业需求为人才培养的基本轴心，要以系统的行业岗位群能力（包括岗位能力、岗位链能力、岗位群能力、行业综合能力等）的塑造为人才培养的逻辑起点，同时从时间、空间、结构上将这些能力转化为不同阶段、层次、环节的相关课程，而学生知识素养的培养要始终相配套、相一致，这就更加极致和细腻地要求实践教学环节课程的保障与配套，环环相扣、环环相应、环环相验。

目前，我国各高校课程设置中普遍呈现出课程结构比例严重失衡、阶段划分一致性太强的问题。一方面，高校各课程结构中必修课占据绝对优势，在学时和学分分配上以一面倒的态势压倒选修课。在如今知识迅猛分化的时代，必修课只能培养所有学生的基本学力，而有限的授业年限和授课时数与现实需求之间的矛盾需要选修课来缓解，弹性的选修课可以满足学生自主学习和自由择课的需要。公共课，如政治、英语、计算机和体育课占据学时和学分太多，而且必须按照国家的规定设置，不能根据应用型人才培养的专业或职业的要求进行调整。高校普遍存在单纯强调学科纵向知识的学术性、完整性和系统性，而忽略应用型人才所需要的知识、能力和素养的培养的问题，这导致了实践教学环节所占比例过小。部分高校虽然设置了相应的实践教学环节，但实施效果也不尽如人意，很多实践课由于种种主客观原因难以落实。更有一些高校实践教学环节形式化严重，校企合作也停留在低层次的合作关系，为了节约成本大多选择送学生去工厂做一线员工，所谓的寒暑假实践活动也只是走程序。

另一方面，国内各高校人才培养大多采取"三段式"课程结构，这与国际趋势基本一致，但是在现实操作中具体到各个阶段的课程比例和课程内容却差距很大。例如，德国应用型科技大学课程结构也大致分为三个阶段，第一学年是基础理论教育，第二学年是专业课、实验课和实习课，第三学年是毕业设计和生产实习，但是德国应用型科技大学有着明确的升级要求，即学生必须通过第一阶段课程考试合格以后才能进入下一阶段课程的学习，且课程容量包括大量的实操性和案例研究性课程设置。而我国高校应用型人才培养中实践教学环节的课程基本都安排在第三、第四学年，第一、第二学年则安排全校学生以大班的形式统一接受课程学习，实践课较少，这种阶段划分，在没有进阶性考核要求的情况下，容易使学生所学习的理论知识与实际操作难以有机结合，理论环节与实践环节的课程相互断裂，不能做到相关、相应、相验、相顾，这与培养应用型人才的应用性、高等性的目标是背道而驰的。

## （三）课程内容覆盖面过窄

从教育学的观点来看，当且仅当课程内容的选择以及所选内容的序化都符合职业教育的特色和要求之时，职业教育的课程改革才能成功。这里，改革成功与否有两个决定性的因素：一个是课程内容的选择是否合理，一个是课程内容是否序化。

首先，科学地选择与合理地制定课程与教学内容，是课程内容结构设置中最核心的部分，也是首要任务。一般而言，课程内容涉及两类知识：一类是涉及事实、概念以及规律、原理方面的"陈述性知识"，一类是涉及经验以及策略方面的"过程性知识"。"事实与概念"解答"有什么"的问题，"理解与原理"回答"为什么"的问题，而"经验"指的是"如何做"的问题，"策略"强调的则是"如何做更好"的问题。为了适应社会发展、行业发展的需要，大学课程与教学内容应该推陈出新，随着时空的变化而变化。但现实中，大多数民办高校课程内容设置中的知识序列单一、覆盖面窄，教师在教学过程中没有及时采纳许多反映现实变化和面貌的新理论、新观点，也无法合理充分地运用新兴交叉、边缘横断等跨学科跨专业的知识，无法体现新时代所需要的应用型知识内容。

其次，就是课程内容序化的问题。课程所选取的内容，由于涉及"过程性知识""陈述性知识"这两类，因此，课程对于这两类知识的呈现，决不能简单"相加"，而应是涵盖了结构、方向和大小的"矢量之和"。因此，为了谋求这两类知识的有机融合，需要一个能将其进行排列组合的参照系，以便能以此为标尺进而对知识实施序化。之所以如此，是因为只有序化的知识才能发挥应有的价值，而序化意味着首先要确立知识组织的框架和顺序。目前，高校的课程模块设置基本由公共基础课模块、专业课模块和实践课模块三个部分组成，与此相对应的课程内容也是公共必修课程内容、专业教育课程内容和实践教育课程内容。公共必修课课程占据第一、第二学年的大量课时和学分，还不包括提升学生写作与修辞、逻辑、演讲等综合素质能力的课程，专业课课程内容覆盖面较低，只包括与本专业高度相关的课程内容，拓展性课程几乎为零。例如，音乐剧表演人才的专业课程中，大多涉及与音乐剧表演相关的内容，较少涉及音乐剧导演、编制、创造有关的课程内容，即使有也只是以选修课的形式，其实施难以保障。实践课主要形式是实践教学、寒暑假实践以及毕业设计，应用型人才所需要的能力和素质并未很好地得到培养。因此，各门课的内容不能体现行业、职业及社会各方面的要求，相关课程内容也缺乏纵横协调关系，课程内容重复现象严重。

从行业导向应用型人才培养的第二个风向标维度，即"专业发展"的维度看，课程的序化符合学生全面发展的要求，也是课程稳定性的一个重要标尺，更是有限的教学资源合理配置的依据。关于课程内容的选择，施良方教授提出了三个基本准则，即注意课程内容的基础性；课程内容应贴近社会生活；课程内容要与学生和学校教育的特点相适应。然而，一些高校在课程内容选择中仍坚持"学科专业知识"的价值取向，未处理好"学科知识""社会生活经验""学习者个人经验"三者之间的关系，一方面未考虑社会行业的需要，另一方面也未考虑学习者的需要，而单纯地依赖学科知识。在实践教学中强调把重点放在学科教材中，向学生传授学科教材中的知识体系，只关注教学科目，忽视学生心智发展、情感熏陶、思维模式创造以及个性发展等其他课程内容。

### （四）课程实施过度模式化

课程实施是课程建设的关键。要提高课程建设的有效性，必须充分认识课程实施的复杂性，充分发挥实施主体——教师在课程建设中的地位及其作用，认真分析影响课程实施的因素，在实施过程中进行及时纠偏、调适和再创造，课程实施才能取得真正的效果。

课程实施是师生在课程目标的导向下，以共同合作的方式将课程计划付诸实践，进而不断产生新的教育经验的过程。课程目标的实现与否，关键在于课程实施的效果。影响课程实施的重要因素之一是教师，唯有教师才能实现课程理论"有用"与"被用"的完美结合。课程实施也是一个动态的生成过程，也就是说，教师不能纯粹地看作是课程教学的传输工具，而是主导课程展开的核心因素，是课程实施的主体。然而，长期以来，在民办高校的课程实施中，教师意识淡薄，一直进行的是单一的、自上而下的课程实施，并且在课程实施的过程中只是被动地执行，一味地严格遵守教学大纲和教学计划，缺乏相应的知识与技能，教学过度模式化，难以达到应用型人才培养目标的要求。

虽然不排除我国课程管理机制体制的相对集权化，使教师被排除于课程决策和管理之外，但是，教师就是活课本，教师可以利用自己的知识和见识对课程提出自己独特的见解，也可以根据课堂、学生、课程目标的实际需要对教材进行加工、处理，从而丰富课堂、开阔教学视野。但我们常常见到的是学生没有学习的兴趣，对知识没有好奇心，教师也是机械地按照授课计划授课，传授理论有余，实践训练严重不足。

高校应用型人才培养所需要的基本能力大部分来自教学环节的学习，高等教育教学方法是指各种为实现教育教学目标所采用的途径措施、操作程序和技术。调查显示，尽管80％以上的高校和学生对教学方法的一些基本方面都给出了比较满意的评价，但这是一种虚假表象，只是广大教师和学生对教学方法的基本要求过低，缺乏追求先进、追求高效、追求卓越的基本心态，依然是得过且过的教学生态。2018年8月发布的《教育部关于狠抓新时代全国高等学校本科教育工作会议精神落实的通知》，文件指出各高校要全面梳理各门课程的教学内容，淘汰"水课"、打造"金课"，合理提升学业挑战度、增加课程难度、拓展课程深度，切实提高课程教学质量。国家教育事业发展"十三五"规划中也明确提出，强化课堂教学、实习、实训的融合，普及推广项目教学、案例教学、情境教学等教学模式，高校教师中普遍存在的教学方式、方法问题严重影响、制约了课程实施效果及人才培养目标的实现。

## 三、基于行业导向培养应用型人才的实践实训困境

应用型人才在做中培养，离不开"做中学"，因而也就离不开实践实训平台的支撑。实践实调平台资源的紧张或缺失，是应用型人才培养面临的难题，也是制约高校基于行业导向培养应用型人才的瓶颈。目前，这种实践实训的困境集中表现为：校内实践教学硬

件条件滞后，校外社会实践活动流于形式，校企合作稳定性差、层次不高、组织松散等。这些问题阻碍了实践教学的实施，直接影响着民办高校基于行业导向培养应用型人才目标的实现。

## （一）校内实践教学平台建设滞后

实践教学是教师主导而学生自主参与的教学形式，是走出书本而走向实际操作的教学方式，是培养学生的综合素养与实践能力的一系列教学活动的总和，意在促进学生在实践中获得直接感知与基本技能。实践教学的形式包括课堂实训、实地参观考察、生产劳动、社会实践、毕业设计、社会调查与调研等，按照场域划分，主要包括校内实践教学与校外实践教学。

应用型人才所需要的素质包括两个方面：知识素质和活动素质，知识素质可以通过"第一课堂"即理论课堂的学习而获得，活动素质则需要通过"第二课堂"即校内外的实践课来实现。校内实践教学主要包括课堂实践教学和校园实践教学两个方面，应用型人才培养中的实践教学是一个薄弱环节，一是因为实践教学资源严重不足，学校和教师不重视实践教学资源的开发和利用；二是因为实践教学的组织实施过程中也存在以下问题。

**1. 实践教学资源不足** 高校人才培养中实践教学资源不足制约着其实践教学向有广度和有深度的发展。校内实践教学硬件资源主要包括实践教材、实验设备和实训场地。

教材既是教学实施的重要载体，又是反映课程成熟与否的重要指标；从课程的角度来看可分为文化课、专业课教材；从教材使用的物质载体不同可分为纸质媒体教材（一般包括教师的教科书、讲义、讲授提纲、教学参考书，学生的辅导材料、辅助教材等传统教材）、实物媒体教材、电子媒体教材；从教材的组织开发层次不同可分为：国家课程教材、地方课程教材、校园教材和其他教材。教材资源配套滞后一直是民办高校应用型人才培养教学实施的主要问题之一。从目前高校现行使用的教材来看，存在的问题主要有：无针对性地搬用过去普通公办高校类似教材、完全按照专业大纲选择学科内名师编著的教材、节约成本选用本校教师自编的讲义等，沿用过去旧版本的教材,虽然有部分实践案例教学材料,但是信息陈旧、实践方法老套,教材中所谈及的操作程序、方法技能以及适用环境都与当下实际情况脱离,且教材理论性过强,并不适合于转型后的高校应用型人才培养;完全按照专业大纲选择的教材,即按着专业导向而非行业导向去培养人才;学校教师自编的讲义,虽然符合本校学生学习认知水平,但是碎片化知识输入并没有形成知识系统,不利于应用型人才在扎实的理论基础上提升技术技能。

由于办学成本和投资风险问题,高校应用型人才培养所需要的实验仪器、实训设备也相对缺乏。实验设备、仪器以及实训场地是学生职业技能实际训练的基础。在学校可控制状态下,对学生进行职业技能实际训练,必须遵循人才培养规律与培养目标。民办高校在实训设施经费投入方面不予重视,投入较低,以及办学空间有限,导致了实践基地硬件较差,教学实验仪器、实训设备数量不足,设备陈旧,难以发挥实训基地的专业实践教学功能、产学研相结合的功能、职业资格与技能培训与鉴定的功能、对外技术服务的功能以及双师型素质师资队伍的培训功能。

社会经济、科学技术的快速发展对应用型人才提出更高的要求,校内实践教学基地功能结构单一的弊端日益凸显,难以满足实践教学的要求,难以完成实践教学任务。总体而言,校内实践教学基地是一个多功能的实践教学平台,但实际情况是,高校专业实践教学基地的实践教学逐渐趋同于传统的理论教学模式,实践基地提升学生实践能力的多种功能逐渐被弱化,难以起到实践教学的效果,有的甚至沦为形式主义。

**2. 组织实施流于形式** 根据应用型人才多层次、多元化的技术技能特点,高校则需要构建科学、合理、适用的实践教学体系。但由于传统教学观念根深蒂固,实践教学滞后于理论教学,当理论教学与实践教学发生冲突时,往往是以牺牲实践教学为代价,也就是说,在实际教学中,实践教学常常是被忽视的。

第一,实践教学内容陈旧,与现实脱节。高校在人才培养中并没有充分利用校内外有限的实践基地去开展与市场相符、与行业平行甚至超前的教学，没有做到"实践教学真正成为学生走上工作岗位前的演练"。实践教学内容应该是丰富多彩、灵活多样的。但从目前情况来看，许多高校在实际教学活动中，要么是因为理解认知问题，要么是因为时间和经费原因，实践教学内容拘泥于课本知识，以至于校内外的信息资源、物质资源等并没有很好地被利用，造成课堂教学形式单一，导致学生认真积极参与实践的欲望降低，应付任务的心理增强，致使实践教学的效果大打折扣。

第二，实践教学过程中存在形式主义。这主要表现在教学方法、教师的系统指导和实践过程的连续性等方面。由于民办高校缺乏专业的实践指导教师，现有的教师在教学中忽略研究和解决问题的思路和方法的讲授，较少鼓励学生提出问题、参与讨论，甚至一些教师一直使用多年前的教学课件，未通过各种渠道为学生提供多种新的实验教学资料，在实践教学过程中也忽视学生对钻研、分析、解决问题的兴趣和毅力的培养。专业实践教师的系统指导是实践教学成功与否的关键因素之一。但许多高校教师在组织实践教学过程中教学目标不具体、不明确，教学方法不得当，学生虽然跟着教师参加了实践课训练，但并没有在思想认识上、方法积累上有所收获，自身能力也没有得到很好的锻炼和提高。实践过程缺乏连续性也是高校实践教学的共性问题之一：一是因为课程设置的一致性太强，实践课都集中在第三、第四学年，第二学年则较少；二是因为高校管理者对实践教学的认识不全面、不深刻，部分专业的实践课并未作为一种必要的教学环节持续不断地坚持下去，相当程度上因为学校或教师的主客观因素而带有随意性，断断续续地维持着。

**3. 考核评价缺乏全面性**　《国家中长期人才发展规划纲要（2010—2020年）》明确指出，当前和今后一个时期，我国人才发展的指导方针是服务发展、人才优先、以用为本、创新机制、高端引领、整体开发，加强人才培养，关心人才成长，鼓励和支持人人都做贡献、人人都能成才、行行出状元。要实现"人人都能成才"的目标，在实践教学中就要注重实践面向全体学生、落实到每一个学生。然而多数高校在实践教学中并不能达到面向全体学生，以点带面的现象比较多。比如，课堂讨论环节中，教师不能做到鼓励或者督导每一个学生去参与，部分性格内向或不善于表达的学生只是形式上的参与，给予最后的总结性发言的只是学生代表，课堂辩论也是同样的道理，所以并不是所有的学生都可以在课堂上活跃思想，展示自我；至于模拟讲课的实践，由于课时关系（课堂时间限制），也只是部分学生有机会参与、得到相应的锻炼，其他学生的学习积极性、思维能力和口头表达能力也没得到很好的培养和提升。校园实践中社团组织开展得不全面，能参与实践的学生人数也有限；高规格的学习竞赛活动，作为课堂理论教学的有效补充，高校参与的机会也较少，学生结合实际深入学习和钻研的机会自然较少。

实践教学的考核缺乏全面性也是当前高校人才培养中的普遍性问题，因为沿用过去单一的考核评价方式，常采用试卷来决定学生能力的高低。应用类学科的考核也是笼统地给个总分，没有针对实践中各个环节制订评分标准，各个环节给不同的评价，从而提高学生规范、积极实践的认识。

### （二）社会实践"走过场"或流于形式

单靠校内实训基地和资源是远远不能满足应用型人才实践教学的需要，高校必须校内校外"两手抓"，积极主动到社会中谋求空间来加强校外实训基地建设，校外实践教学有非正式的社会实践活动形式和正式的学校实习形式，主要包括校企合作、工学交替、引企入校。

社会实践活动是学校人才培养目标的要求，是教育实践环节的必要补充，是提升学生实践能力的必然途径。从目前人才市场反馈信息来看，人才招聘从传统的买家、卖家互动，卖家有发言权的情形转变为买家居于主导地位，买家（用人单位）不单单看重毕业生的文凭学历，更看重学生的实践能力和交际等综合能力。以东方时空联合智联招聘网所做的调查为例，该网站对北京、上海的 116 家用人单位的负责人做调查，结果显示：57％的招聘单位看重大学生的实践能力。

社会实践活动是无字之书，对学生的成长和发育具有极其重要的意义。然而，一方面由于学校对寒暑假社会实践的不重视、要求不严格，指导教师缺乏激励性措施，对实践报告没有考核评价标准，使得大多高校寒暑假的社会实践完全由学生自己或者通过亲朋来寻找，自己决定、自己选择，使社会实践活动的整体策划层次不清，目标不明，影响着实践教学效果。数据调查显示，82.41%学生非常愿意或者愿意参加社会实践活动，提高自己的实践能力，但同时也有64.45%的学生认为目前的大学生社会实践活动针对性差，目标模糊，活动形式单一，覆盖面小从而对参加社会实践活动失去信心。另一方面是近些年来大学生自身适应能力差，无法直接参与社会工作实践，使社会实践活动开展难以真正做到深入、持久。在组织实践活动过程中，有些学生眼高手低、不能脚踏实地，有些学生只是懂书本理论、不懂具体实际操作，有些学生的基本能力较差，有些学生不会交际、不懂协作，有些学生缺乏吃苦耐劳精神等等，这一系列问题的出现除了是我国教育大环境的影响，也在于高校、教师缺乏系统科学的引导和激励。

## （三）校企合作层次低且缺乏深度

教育部明确指出，根据区域经济发展和劳动力市场的实际需要，促进产学紧密结合，共同建立技能型紧缺人才培养培训基地，加快培养大批现代化建设急需的技能型人才及软件产业实用型人才，特别是各级各类高技能人才。产学结合、校企合作已然成为目前培养高级专门技术技能型人才的有力渠道。所以，高校要主动、积极推进与企业的互动沟通，毕竟，行业企业是职业资格标准的主要制定者，是市场信息的传播者，是学校专业培养目标制定的指导者。如今的企业已经转为"买方市场"，所以，在行业导向下要积极发挥企业对高级技术技能型人才培养的指导作用，因为企业是连接政府、大学和社会的重要桥梁，企业可以实现资源的有效利用。我国职业教育的先驱者黄炎培先生曾经论述过职业教育的社会性特征，认为只从职业学校做功夫，不能发展职业教育；只从教育界做功夫，不能发展职业教育；只从农、工、商界出发，不能发展职业教育。同样的道理，高校人才培养，不能就教育而教育，就教学而教学，要积极加强与社会的联系和沟通。目前，我国各高校已积极推进校企合作，加大校企合作步伐，但仍处于校企合作的较低层次，缺乏系统管理，存在模式单一、稳定性差等问题。

第一，校企合作缺乏系统管理。校企合作管理包括互惠双赢的校企合作机制构建和校外实习基地管理两个部分，同时也涉及企业、高校和学生等相关参与主体。从目前情况来看，由于落后观念的限制和理论储备不足，校企合作各参与主体对于校企合作的实施都缺乏一套科学完善的管理制度，校企合作管理机制不健全，缺乏具体的鼓励行业企业参与合作的制度，导致企业积极性不高、实践教学困难重重，甚至出现了市场无序性和合作缺乏针对性的现象。各高校的校企合作缺乏配套的管理制度，没有第三方管理机构，没有由学院领导与企业领导共同组成的校企合作委员会，校企合作双方的利益出现矛盾的时候，很难得到第三方及时的协调、监督与评价，原本僵化的管理模式直接影响着校企合作平台价值的发挥。部分高校行政权力过大，行政管理代替民主管理，内部存在严格的隶属关系，校企合作的实施必须在金字塔式的组织结构下开展并得到一级一级的认可，由上至下的实行模式，常常导致责任不明、分工不清。

实践基地的建设直接关系到高校实践教学质量，对于应用技能型人才的专业能力和拓展能力的培养有着举足轻重的作用，是实现高校人才培养目标的条件之一。高校应用型人才培养的校外实践教学基地主要是校企合作组织，而当前的校企合作组织结构均是松散的，从学校教学的角度分析，它没有严格的教学制度、教学时间与教学内容，虽然体现出校外实践教学的灵活性，但是，由于是校外实践的形式涉及企业和学校两个分属于不同系统的组织，两者有不同的价值取向、不同的需求，所以，实践教学基地的课程安排、师资安排等存在一定的困难。学校对学生实践教学课程的系统管理，对教材的选用，对教师实践教学的评价，对学生实践学习的考核以及对实践教学基地的组织管理制度，这些方面问题的存在导致校企合作实践教学基地的运行效率较低，也阻碍了实践教学预期目标的实现。

第二，校企合作模式单一且稳定性差。校企合作实践教学是一种以社会需求、行业发展为导向的运行模式，合作过程中应由企业和学校共同主导、共同协商人才培养方案的制定和实施。虽然高校能够认识理解到校企合作的价值所在，但由于多种因素的影响，当前校企合作模式单一，各方仅仅把校企合作当作解决学生实习的一个途径，把学生的实践当作一个任务去完成，所以片面强调专业对口，很少有综合性实践活动的开展，以科目和专业限制了大学生社会实践的范围和种类。许多学校的校企合作都由二级学院来负责组织实施，二级学院为了方便管理，往往把实习学生集中安排在少数企业，由于企业一次性接纳的实习人数有限，致使有限的实习机会不能惠及所有学生。

从理论上讲，合作的目的是建立在满足自身需求的基础上，进而满足对方利益需求的一种共赢性的合作活动。目前，大多数高校与行业企业的合作仅仅是企业单方面的支持与帮助，高校在挂牌合作仪式之后，并未主动与企业相关部门商定人才培养、员工培训、项目合作、科研计划等项目如何进行，而企业接受高校的实习生无疑是增加自己的支出，当企业的短期收益不明显，反而形成"负效益"的时候，企业再次参与校企合作的积极性会大大降低，导致这样的合作不长久、不稳固，会频繁地改变合作对象，不利于高校了解实践教学中存在的问题，也不利于企业储备人才。

总之，基于行业导向培养应用型人才需要实践实训环节的支撑和有效保障，从某种意义上讲，实践实训教学环节的程度与效度、深度与厚度，质量与特色是验判行业导向应用人才培养的另一个"试金石"和"校尺"。因为，行业导向培养的人才将来主要是服务于生产一线，就更加极致地要求学生的培养要以实验实训、顶岗实习为主，要与真实岗位无缝衔接。因此，实验实训环节的建设和发展是应用型人才培养目标实现的核心保障和基本支撑。如果说，基于行业导向培养人才的逻辑起点是行业岗位群的需要，那么实验实训环节的建设与发展则是行业导向人才培养的地基和主要实施平台。如果说，对于专业导向人才培养而言，实验实训环节的缺失是一种缺陷，那么对于行业导向培养人才那就是地基塌陷。二者不在一个重量级上。当然，实验实训环节的建设和发展除了要求高校办学者要高度重视、加大投入以外，还需要凭借高校自身的体制机制优势，主动与行业以及标杆性企业对接与合作，广泛、多元地建设校内与校外的实验实训平台，这对于高校的办学者来说是一种极大的考验。德国以及我国台湾地区职业教育的典型成功经验告诉我们，与行业真正能够无缝衔接的实验实训资源既昂贵又需要经常更新，如果不能与行业及标杆性企业协作，再昂贵的投入都会很快变成过时的弃物，从而无法保证教学过程能够适应行业、企业对于应用型人才的迫切需要。因此，实验实训体系的建立既需要学校内部的投入与建设，更需要外部社会、企业的参与与投入，既要强调硬件环境的打造，更要强调软件系统、流程、标准的建造。

实验实训环节的建设与发展，对高校是一种挑战，如何与行业及标杆性企业对接，实现在共利多赢、同频共振的基础上共同投入、共同打造、共同运营，这是一条可资借鉴的方法和渠道。可以说是一个"四两拨千斤"的秘密武器，"天下武功唯快不破"，同样，基于行业导向培养应用型人才也需要高校办学者能准确地抓住鲜活的市场需求和本地区行业发展的需要，早下手快下手才能获得"先发优势"，从而在与其他高校竞争中立于不败之地。

# 第三节　电子商务人才培养机制构建

在电子商务快速变化的竞争环境中，企业和高校都必须用更加全局性的发展的眼光来看待电子商务人才管理问题。要想建立健全人才培养机制，就要求从下文提到的几方面入手。

## 一、构建电子商务人才供求机制

对于高职院校而言，构建电子商务人才供求机制最基本的做法就是要时刻关注市场动向，及时更新人才供给与需求、灵活调整人才供求关系、及时调整人才培养体系，预测并设法满足市场未来战略发展的电子商务人才需求，具有人才培养的前瞻性，尽力达到人才需求和供给的动态平衡。只有及时了解市场需求，不断调整人才培养方案，优化人才培养的结构，提高人才培养的性价比，提高人才的产出效能，才能使高职院校在激烈的人才培养竞争环境中形成培养特色，形成各专业的核心竞争力。要想构建一种动态的人才供求机制主要从以下几个角度入手：

**1. 通过校企合作建立稳定的人才需求源和确定明确的培养方向** 企业是市场的风向标，通过与企业稳定的合作交流，能够帮助高校准确掌握市场中人才需求的动向，从而及时调整高校对人才的培养方向。

**2. 通过联合社会培训机构，保证合格的人才供给质量** 学校教育的脱节导致大量人才不得不寻求社会培训机构的回炉来适应企业对人才的需求。因此，要想快速掌握市场对人才的最新要求，培训机构是最直接准确的途径之一。

**3. 通过校园招聘机制实现人才的供求平衡** 高职院校将毕业生推向市场最主要的方式就是通过校园招聘。合理有效的校园招聘机制能够最大限度解决企业和学生信息不对称的问题，让学生和企业直接面对面，实现双选的过程也是供求机制动态平衡的过程。

**4. 建立与企业的常态化联系，及时掌握企业对电子商务人才的需求** 高职院校是企业稳定用工来源的重要根据地，同时，企业是高职院校检验人才培养目标是否实现的主要标尺，建立与企业的常态化联系，有利于实现双方的资源共享、和谐共赢。

## 二、构建专业人才发展机制

构建电子商务专业人才发展机制要基于生产、建设、服务、管理第一线岗位的需要来进行，在专业教学计划弹性有限的情况下，通过一系列措施构建人才发展的机制，打造高职层面合格的电子商务人才，凸显高职教育的优势。具体包括四方面内容：

**1. 找准专业人才培养方向和定位**　电子商务变革几乎涉及经济生活的各个层面，应该说它作为一个独立的行业存在时，不如与现实的行业或企业紧密结合起来更能凸显其强大的生命力。不同行业、不同岗位的电子商务人才，知识和技能结构存在很大差异；而不同的高职院校因固有的所属位置、当地的经济发展情况也有所不同，此外，学校的生源、师资及其他软硬件条件也决定了各自的优势、特长有区别。因此构建专业人才培养机制就要求高职院校量体裁衣，根据自身情况找准定位，培养社会、市场需要的应用型、操作型的高技术人才。所产出的产品，即培养的人才应当有独特的专业特长，在某一方面有或者某个岗位上有良好的适岗性。

　　所以，教、学、做一体化的人才培养方式必须落到实处。如果条件允许，可以尝试将电商企业具体项目引入课程，学生用实践指导学习，边学边练、加强技能，学生的业绩就是学习成绩；专业人才培养的方向就是企业需要的人才方向。

**2. 优化专业课程设置**　优化专业课程设置就要根据校企合作的企业反馈的人才培养意见及其他相关企业调研定位专业就业岗位群；结合企业教师意见，根据专业对应的岗位及岗位群提取出相对应的典型工作任务；通过整理整合工作任务，提炼岗位职业技能，确定行动领域；结合典型工作任务和职业成长规律，重构学习领域；以项目、活动为载体，设计以学生为主的学习情境；建立课程标准、开发基于工作过程的课程与教学资源。在构建学习领域内容时，依据"能力为本，够用为度、循序渐进、传道授业、知行合一"的原则进行选取，基于以就业为导向的职业基础过程和以从业为导向的岗位核心课程进行职业能力培养，课程操作过程中可和企业培训一并实施，将企业项目作为课程内容进行讲授和分析。甚至可以以上午学习、下午开店的方式实现工学交替，实时学习市场需求的技能。

**3. 创新考核方式**　人才培养方式的变更导致我们已不能靠传统的考核方式来检验人才的质量。有了政府引导、参与市场的技能培养方式，企业参与培养过程的模式就必须有创新的考核方式。通过互联网的形式来进行电子商务各项技能点的考核，通过开设的网店的运营成果和业绩指标作为技能线的考核，通过创业过程中的信用度及管理能力进行职业素养的考核，只有以实践的方式考核实践的课程，才能真正培养具有实践技能的高素质人才。

**4. 注重职业发展能力的培养**　通过设置以创业为导向的培训课程和以兴业为导向的个性发展课程进行职业可持续发展能力的培养，通过第二课堂和素质教育大讲堂、国学、企业文化教育等多种形式进行人格品质教育和职业素养教育，培养素质过硬、技能全面的高素养型人才。

## 三、构建信息技术支持机制

随着信息技术的飞速发展，高校走教育信息化道路已成为支持和服务教育活动不可阻挡的发展趋势。信息技术支持机制从理论上来讲，就是从工业时代的传统管理模式向信息时代的现代管理模式演变的过程。

因此，构建信息技术支持的机制必须包含以下两部分的内容。

### （一）校园网络硬件平台建设

校园网络硬件平台的建设以网络技术互联网手段为载体，将管理和服务以信息的方式进行呈现，对信息资源、数据资源进行深入开发、整理以及管理，利用网络低成本的管理特性，提升管理工作的效率，利用大数据的优势提升决策水平以及资源的整体协调和调控能力。

### （二）信息化应用系统软件的建设

无论是电子商务人才的培养还是任何一类现代化人才的培养都离不开信息化的培养环境。因此，校园建设在重视硬件投入的情况下也要适时引进当下一些可应用于电子商务人才培养的系统，比如库管系统、CRM 系统，在尽可能的范围内提高学生的实操能力。

校园信息化建设不仅仅是单纯的技术问题，更不仅仅依靠一个部门就能完成的。除此之外还要加强校园网络文化建设，形成健康、积极、向上的网络环境，强化师生的健康信息化意识。

# 四、构建"政行企校生"联动培养机制

促进校企合作，必须创新校企合作新模式。以政府为主导，由高等职业教育院校、企业、行业协会以及学生自建的综合体为平台，构建广泛的合作新模式——校企联系体系。通过这种合作新模式的运营，加强彼此间的交流、优化联动培养环境、实现校企资源共享，致力于搭建政府指导下的行业、企业、院校资源整合、利益共享、共同进步的新局面，提升高职院校电子商务人才的培养质量，增强企业的核心竞争力，建立有特色的高等职业教育新品牌，从而提升所在经济发展水平，储备适应经济发展需要的后续人才力量。

高职院校依托五方联动机制整合政府、行业、企业、学校及学生资源，搭建各种合作平台，推动校企深入、全方位的合作，重点发挥行业协会的桥梁作用和协调作用，引导企业融入学校，指引学校深入企业。具体机制的构建要求做到以下几点。

## （一）充分发挥政府作用

严格落实政府政策，为五方联动人才培养机制营造良好环境。政府在宏观层面根据当地的经济发展实际情况，对校企合作的形式、体制、机制等进行必要的规范和约束，促进学校提升服务企业的能力，提升所培养人才的质量和适岗性，积极促进校企合作的深入发展，了解企业在用人方面的迫切需求，开创合作办学的新局面。

## （二）筹建校企资源分享平台

搭建校企资源共享平台，整合高职院校和企业各自的优势资源，如企业真实的工作环境、先进的技术设备、具有可操作性的项目内容；高职院校的稳定的人力资源、优秀的培训师资、有力的政策支持等。借助电子商务行业平台，将校企资源进行有机整合，将企业资源介入人才培养工作。

## （三）打造优质校企运营团队

积极引入企业项目，通过校企团队的建设，实现企业与学校的良性互动，吸引企业关注学校的人才培养，并参与到人才培养方案的制定过程，提出有针对性、更加贴近用工要求的培养目标，实现校企的深度融合、利益双赢。

## 五、构建"三创"（创业、创新、创意）机制

随着电子商务的普及，移动互联网推广、在线支付、物流业迅速发展，加上电子商务具有风险小、成本低、操作简单等优势，使得电子商务成为最具创业前景的行业。电子商务在创新、创业、创意中谋求新的变化，迫切需要学校将电子商务的创业实践引入到电子商务人才培养中，构建"三创合一"的培养机制，培养"创新意识强、创业知识素养高、创业品格优、组织协调能力强、实践技能精"的高素质人才。具体可以通过以下做法实现。

**1. 引入创新创业教育内容**　创新是电子商务发展的根本动力，创业目标如果可以实现会使得电子商务人才的培养有更广阔的发展空间。因此，创新、创业能力的培养应该伴随着电子商务人才培养的全过程。

**2. 建立电子商务"三创"实践教学平台**　实现校内实践与企业实习创新创业实践相结合，强化学生实际动手能力和创新能力的提升，同时开展校企协同创新的电子商务人才培养新模式。

**3. 积极举办各种能手大赛、创新创业大赛**　通过全国"三创"比赛及各类电子商务创业大赛，实现"以赛代训""以赛代践"，让学生和团队在比赛中迅速成长起来，积极自学，激发学生的创新创业潜能，提升学生的创新创业素质以及学习能力。

## 六、构建"五位（教书、文化、服务、环境、实践）一体"育人机制

为了适应新时代对高校提出的引领青年学生全面成长的要求，高校要顺应时代不断创新育人模式，努力打造"教书育人、文化育人、服务育人、环境育人、实践育人"的"五位一体"育人机制，从而全面提高大学生思想道德素质、科学文化素质、人文科技素

质、动手创新能力和就业创业能力。具体表现为以下五个方面。

**1. 教书育人**　不断修订人才培养方案，在充分体现高职教育特色的基础上，培养高技术应用型人才，并达到服务地方经济发展需要的目标。积极开展教师技能大赛、教学能手大赛，鼓励教师外出培训努力提高科研和教学水平，从而提升培养人才质量。

**2. 文化育人**　创新管理理念，将人性化的管理理念融入教育之中，尊重学生的个性化需求，尊重学生在不同年龄段表现出的差异性，大力实施青年马克思主义工程，造就理想远大、信念坚定的大学生，引领青年学生道德素质提升。

**3. 服务育人**　秉持"以学生为本"的服务理念，不断强化服务意识，提升服务水平，在如何构建学生生活、学习、就业服务为一体的优质服务体系上下功夫，为学生在校生活、学习提供有力保障。

**4. 环境育人**　在办学过程中加大对校园环境和校园文化的建设力度，将校园打造为适宜学生成长的环境。将传统文化人文活动引入人才培养方案，努力提升校园文化品位。在对学生进行健康情感的熏陶和培养的同时提升学生对学校、对传统文化的认同感和自豪感。

**5. 实践育人**　以校园社团文化活动、丰富的社会实践活动、校内实践基地、校企合作等形式积极打造多级实践平台，全方位多角度培养学生的实践能力和创新能力。

# 第五章

# 电子商务人才创新创业能力培养

## 第一节　电子商务创新创业人才培养现状

### 一、调查目的

近几年来，随着创新型国家建设进程的推进，社会对创新型人才的需求增大。为了适应社会经济发展以及国家转型的需要，创新创业教育应运而生。创新创业教育的提出对电子商务专业的发展既是机遇又是挑战。开展创新创业教育，提高电子商务专业学生的综合创新创业能力，有利于学生的就业和创业，这是电子商务专业的机遇；创新创业教育一直脱离于电子商务专业教育而存在，如何将创新创业教育与电子商务专业加以有效融合，这是电子商务专业面临的挑战。

为了深入了解目前电子商务专业创新创业教育的开展现状，笔者选择 A 校和 B 校的电子商务专业进行实地调查研究，通过对学生和教师的问卷调研和访谈，获得有关电子商务专业创新创业教育现状的第一手资料，为后续分析与研究提供数据与资料支持。

### 二、研究设计

#### （一）问卷设计

本研究采用自编问卷进行抽样调查，问卷分为学生版和教师版两版。第一步，通过与电子商务专业的老师的交流，初步掌握创新创业教育的开展情况。第二步，与电子商务专业学生进行交谈，了解电子商务专业学生对创新创业教育的态度。第三步，在导师的指导下，根据走访所获得的信息，编制调查问卷初稿，将编制完成的初稿，向小部分电子商务专业的教师和学生发放，在被试者填写问卷时，与被试者沟通，听取他们的意见。最后，根据被试者的反馈意见和导师建议进行修改，形成正式问卷。

## （二）访谈设计

因问卷调查的问题是固定不变的，不能探寻被试者最详细的心理活动，所以问卷调研要辅以访谈法使用，真实、详细地了解被试者的情况。除对学生进行访谈外，因相关管理部门工作人员和教师也在创新创业教育活动占据重要地位，所以也对他们进行了访谈。访谈设置的问题主要是主观性较强且具有可挖掘性的题目，例如，"你为什么为愿意在毕业后创新创业？""家人支持你创新创业吗？为什么？"通过访谈可以了解被试者较深层次的动机，收集到的信息也更准确具体。

## （三）数据收集

对电子商务专业的学生和教师进行问卷调查和访谈，共发放教师版调查问卷 24 份，回收有效问卷 24 份；共发放学生版调查问卷 300 份，回收有效问卷 276 份，问卷有效率达到 92％。

## （四）调查问卷的信效度分析

为了保证问卷具有较高的可靠性和有效性，使用 SPSS20.0 软件，对学生问卷的第一部分进行信效度分析。

# 三、调查结果分析

## （一）学校创新创业教育的制度建设

党的十八大提出了"实施创新驱动发展战略"，要求"加强创新创业人才培养"。随后政府颁布了更多的相关政策，比如中共中央以及国务院颁发的《国家创新驱动发展战略纲要》《国务院办公厅关于深化高等学校创新创业教学改革的实施意见》（国办发〔2015〕36 号），《国务院办公厅关于建设大众创业万众创新示范基地的实施意见》等，各市政府也陆续颁发了政策，比如江西省人民政府办公厅颁发的《关于深化高等学校创新创业教育改革的实施意见》（赣府厅发〔2015〕49号）的发布和实行等。

政府制定的这一系列法规、政策，多数是针对高等教育下的学生，对于大学生和研究生在毕业后进行创新创业，政府、学校在资金和政策上有一系列的帮扶措施。但几乎没有找到特别针对中职学校开展创新创业教育的法规、政策，没有政府的扶持，导致开展创新创业的重担全部由学校承担。而学校的资源和资金本就欠缺，使得学校创新创业教育的开展困难重重，严重打击了学校开展创新创新教育的积极性。

**（二）电子商务专业学生的创新创业观念**

随着国家以及学校对创新创业教育的鼓励，电子商务专业的学生对兴趣也越来越浓厚。调查显示：75％的学生明确表示支持创新创业；50％的学生对创新创业特别感兴趣；并且50％的学生认为电子商务专业与创新创业有很强的联系，25％的学生认为电子商务专业与创新创业有一定的联系。在笔者对A校电子商务专业的访谈中，王同学说："我认识的一个已经毕业的学姐，毕业后自己开网店卖衣服，每个月比打工赚得多，我毕业后也想自己开网店。"李同学说："我愿意毕业后自主创业，在电商蓬勃发展的时候，我们应该学以致用，现在也越来越多学长学姐毕业后自主创业。"由此可见，在国家鼓励万众创新创业后，地方和学校都开始重视创新创业，并且起到了一定的作用。学生越来越相信创新创业是一条实际可行的道路。

**（三）电子商务专业创新创业课程设置**

在政府和学校都鼓励学生进行创新创业的情况下，那么学校的电子商务课程目的是让学生掌握怎样的技能呢？对于此问题，50％的教师认为课程目标是将学生培养成可以进行自主创业的电子商务中的高素质高级技能型专门人才，但是超过一半的学生认为学校的课程设置的重心是掌握产品宣传、销售、售后服务所需的各种电子商务技能，顺利上岗。对比之下发现虽然学校鼓励学生自主创业，老师也希望学生能够有创新创业的能力，学生也对创新创业有浓厚的兴趣，但是学校的课程设置却没有很好地融合创新创业教育，这样很难满足学生将来自主创业的需求。

调查显示，只有约 1/3 的学生的创新创业课程是由专业课老师教授，其他学生表示没有创新创业老师或者由辅导员（德育老师）教授创新创业课程。但是在笔者在问卷调查中发现，只有 10 位专业课老师有过创业经历，8 位专业课老师从事过创新创业教育。这表明大部分电子商务专业的创新创业教育还游离在专业课程之外，即使学校希望能够将创新创业教育与专业教育相结合，没有创新创业教育经历的老师也很难承担此重任。

### （四）电子商务专业创新创业教育的实践渠道建设

电子商务的专业教育和创新创业教育都需要着重培育学生的实践能力，因此，实践就变得尤为重要。在对 A 校和 B 校的问卷调查和访谈调查中，笔者发现这些学校都为学生提供了实践渠道，并开展了一系列的创新创业实践活动。

调查显示，大部分教师表示学校为学生提供了创新创业的社团活动，学校也会开展类似于"挑战杯"的创业活动；一部分教师表示有在产学研中指导学生创业实践；一小部分学校会给学生提供参与企业创业项目的实践机会。在走访与访谈调查中，A 校的老师表示学校组建了创业园，完善了"创新创业指导教研室"师资配备，研究制定了教学实施计划。在投入经费同时，还设立了"就业创业奖励基金"。

# 第二节　创新创业人才培养存在的问题

## 一、电子商务专业创新创业教育的问题

### （一）政府层面：缺少政策扶持

针对创新创业教育的发展，中共中央以及国务院颁发了一系列的相关政策，但此类政策的颁布主要是针对高等教育的，很少有针对中职学生的政策扶持。在国家提倡万众创新的时代，中职毕业生作为即将面临的就业的一员，也需要依靠国家政策的扶持走上创新

创业道路。

在关于中职生创新创业的想法来源的调查中，显示只有近1/3的学生有创新创业的想法是因为受国家政策扶持的影响，而在所有来源中，所占比例最大的是学校创新创业教育的影响。显而易见，由于缺少政府的政策扶持，创新创业的重任大多由中职学校进行承担。相比于高等教育，政府对中等教育的扶持本来就较少，这使得中职教育开展创新创业教育困难重重。

**（二）社会层面：对创新创业的支持有待加强**

积极的社会创新创业氛围，有利于学校创新创业教育的发展。现今社会对中职学历存在较大的偏见，认为中职生没有能力创新创业。保守的社会创新创业氛围，导致一些中职生质疑自身创新创业的能力，从而放弃创新创业的念头。第一，创新创业氛围不浓厚。在访谈中，张同学说："在我了解了创新创业之后，我也有向家长和朋友吐露过创新创业的想法，但是他们都觉得我异想天开。现在我也担心，万一我创新创业失败，会不会受到周围人的嘲笑？"这位同学的亲身经历及想法，也反映出现今社会没有树立正确的创新创业理念，创新创业的社会氛围也不浓厚。

第二，缺乏社会基金支持。在访谈中，李同学说："如果我打算创新创业，那么我最苦恼的事，就是从哪里可以筹集我的创业资金。"这说明虽然现在部分省份或城市设有创新创业青年基金会，社会上也有学生创业补助，可是没有一个项目是针对中职生创新创业的。这一现象表示社会力量对中职生创新创业的支持还有待加强。

**（三）学校层面：创新创业教育体系不完善**

**1. 创新创业课程体系不完善**　通过问卷调查，笔者发现在经过学校的创业课程后，中职电子商务专业的同学们都普遍认为有一定能力可以进行创业，但是课程还不能够完全满足毕业生创业能力的发展需求。

其中，大部分中职电子商务专业的学生认为通过学习学校的创业课程后，他们掌握了一些创业的能力，这说明学校开展的创新创业教育是有所成效的。

但是,只有近一半的中职电子商务专业的学生认为学校的创业课程能够满足其创业能力的发展需求。设选择完全不同意得 1 分;选择部分不同意得 2 分;选择一般的得 3 分;选择部分同意得 4 分;选择完全同意得 5 分,算出此题得分为 3.41 分,说明大部分学生认为现有课程对其创新创业能力发展的效用一般。

中职学校创业教育课程设置不合理。在对老师进行的问卷调查中,有近一半的老师表示学校有开设创业创业教育课程,但是课程一般也只仅限于专家讲座或者大众化的创业指导课程;课程内容上,大多电子商务专业创新创业教育的内容,只是直接沿用高等教育的教育内容,忽略了中职学校、中职电子商务专业、中职学生的特点,没有形成适应电子商务专业和学生发展的创新创业教育课程体系。在问卷调查中,只有不到三分之一的老师表示有将创新创业教育与电子商务专业相结合。侧面反映出大多数创新创业教育游离在电子商务专业教育之外,没有与电子商务专业的实际情况相联系。创业教育课程设置的不合理、成熟的课程内容体系的缺乏,是造成创业教育落后的根本原因。

**2. 创新创业课程与电子商务专业融合度不够** 将创新创业教育与电子商务专业相结合,是创新创业教育发展的一个趋势,经过调查发现创新创业和电子商务专业的相关程度与创新创业教育和电子商务专业的相关度存在很大的差异。

在进行问卷调查的所有电子商务专业学生中,近一半的学生认为电子商务专业和创业之间是有很大关系的,但是只有较少的学生认为学校的创新创业课程与电子商务专业有关,大部分的学生都认为学校的创新创业课程与电子商务专业相关度一般。

由于中职学校原本就都有一套电子商务课程体系,随着国家提倡万众创新,中职学校虽然也表示响应国家的号召,开设了创新创业课程,但是这些课程大多是通修课,所有专业的学生一起上课,或者是所有专业学生都可以选修的选修课。所以并没有专门为电子商务专业量身定做的创新创业课程。

**3. 缺乏专业的创新创业教育师资队伍**

(1) 在师资结构方面，由电子商务专业的专业课老师承担创新创业教育教学任务的不多，发现只有约 1/3 的学生表示创新创业课程是由电子商务的专业课老师担任，更多的创新创业课程是由德育课老师或者辅导员担任。在访谈中也有学生举例，例如，老师在上《网络运营基础与实践》就有给他们介绍过创新创业教育，但也是在讲到网络运营部分给学生穿插介绍。也有学生说大多是就业中学的辅导老师进行授课，偶尔举办电子商务专业人士的分享会或讲座，为学生讲述创业经验和解答学生创新创业活动上的疑惑。

(2) 在师资力量方面，教师缺乏创业经历或经验。在教师版问卷调查中发现，只有不到一半的教师有过创业经验。缺乏创业经验，使得资深教师讲课多是从理论出发出发，很难做到联系电商行业实际情况。有创新创业经验的教师，能够洞悉理论知识背后的实际操作，并联系自己真实的创业经验，将知识灵活生动地传授给学生。另外，中职的电子商务专业的教师队伍中，还存在部分兼职的教师，兼职教师除了教书育人，还要兼顾自己的本职工作，分给学生和课堂的时间和精力都是有限的。

由于缺乏创新创业经历，部分教师在创新创业课堂中只能照本宣科，当学生遭遇创新创业方面的疑惑时，教师很难联系专业实际与创业经验给出有效的解决方案，只具有创新创业理论知识，对电商企业经营管理等问题一窍不通的老师，很难做好电子商务专业的创新创业教育。中职学校邀请行业专家开设讲座，这些人熟悉创业过程中遇到的各种问题，也熟悉电商企业的运作流程，但他们不是科班出身的教师，没有受过系统的教会培训，不了解中职学生的特点，不能因材施教、循序渐进地将知识传授给学生。学生仅通过一场讲座或交流会，也不能将创新创业知识融会贯通。总之，目前中职电子商务专业缺乏一支专业化的创新创业教育教师队伍。

**4. 创新创业教育实践体系不健全** 通过调查数据发现学校开展创新创业实践教学的形式主要是举办各级各类的创新创业竞赛，这样的竞赛一般以学校或社团为单位，与电子商务的专业教育紧密性不强，实践教学的质量难以保证。且有学生反映，参加的这类比赛的原因也不仅仅是为了提高创业能力，还为了在期末评优能加分。

**（四）学生层面：创新创业意识薄弱**

中职电子商务专业的学生认为创业就是开设网店，发展属于自己的事业，以此实现自身价值，也有部分学生认为即使将来不进行创业，通过创新创业教育，也可以积累经验，为将来职业生涯的发展添砖加瓦。为此，本研究从以下三个方面了解学生创新创业的意识。

**1. 对创新创业的兴趣**　在中职电子商务专业学生对创新创业的兴趣方面，调查显示，对于"你对创业创新是否感兴趣"这个问题，大多数的学生表示非常感兴趣和比较感兴趣；但是仍然有一小部分同学表示兴趣不大和非常不感兴趣。

在访谈中，电子商务专业的陈同学表示："创业还是有风险的，万一做生意赔本了怎么办？我还是等毕业找个好工作吧。"接受笔者访谈的张老师也表示："其实大多数的学生是为了修完学分，可以顺利毕业，才按时上课和参加学校各项活动，真正有创新创业想法的学生不多。"所以虽然大部分同学对创新创业表示感兴趣，但仍然有约 1/3 的学生表示对创新创业兴趣不大。而在感兴趣的这部分同学中，将来能真正走上自主创业道路的人数又要再打个折扣。

**2. 对创新创业的态度**　在中职电子商务专业学生对创新创业的态度方面，对于"你是否支持创新创业"这个问题，调研结果显示，超 1/3 的学生表示支持中职生创新创业；近 1/3 的学生表示比较感兴趣；但是仍然有一小部分的同学表示不支持和非常不支持。

**3. 参加创新创业教育的意愿**　笔者利用 SPSS20.0 对中职生创新创业感兴趣程度和需要学校提供创新创业教育程度进行卡方检验。首先做出假设：中职生创新创业感兴趣程度对需要学校提供创新创业教育程度无显著联系，假设显著性水平 $\propto=0.05$。

检验得出，Sig 值小于显著性水平 $\propto=0.05$，则表示在 0.05 的显著性水平下，中职生创新创业感兴趣程度对需要学校提供创新创业教育程度有显著性关系。

对创新创业非常感兴趣的中职电子商务专业的学生非常需要学校为他们提供创新创业教育。说明部分对创新创业教育感兴趣的同学对创新创业教育的意识很强烈。但是我们依然可以看出有部分同学明明是有兴趣创业的，却并没有强烈的意愿接受创新创业教育。

在调查中，对于"是否经常去听学校的创业讲座"这个问题，超半数的电子商务专业的中职生表示会经常去听学校组织的创业讲座。说明超过半数的学生会有意识地参与学校的创业讲座，但仍有近 1/4 的学生表示不会经常去听创新创业讲座。

在调查中对于"是否积极参加学校创业大赛以及其他类型的创业社团"这个问题，50.0% 的电子商务专业的中职生表示会积极参加学校创业大赛以及其他类型的创业社团。但仍有超 1/5 的学生表示不会积极参加学校创业大赛以及其他类型的创业社团。

综上所述，半数左右的中职电子商务专业的学生是会积极参加学校组织的创新创业讲座、创业大赛、创业社团等创业活动，可以看出大多数学生有意愿参加创新创业教育。但是在对访谈中，笔者也发现了以下的一些现象。王同学说："很多讲座老师都会强制我们去听的，会点名或者签到，我们不得不去啊。"李同学说："参加活动和比赛，都会在期末评奖的时候加分的，所以有机会，我都会参加。"所以学生积极参加的创业活动的动机也不一定是为了将来创新创业。在调查和访谈中发现，很多中职电子商务专业的学生有创新创业的想法，却不明白创新创业具体是做什么，参加创新创业活动的动机不明确。这些调查数据显示，电子商务专业的学生缺乏对创新创业的客观认识，空有创业的想法，却没有创业的决心，创业意识相对薄弱。有些电子商务专业的学生虽然有创业的想法和愿望，但同时受内外因素的制约，内在因素包括心态的不成熟、经验的缺乏、创新创业综合素质的低下；外在因素包括：资金的缺乏、社会的包容、家庭的支持、学校创新创业教育体系的不健全。

**（五）家庭层面：父母和长辈的支持还有待加强**

笔者利用 SPSS20.0 软件对父母与长辈对创新创业的支持程度

和电子商务专业中职生对创新创业的支持程度进行卡方检验。首先做出假设：父母与长辈对创新创业的支持程度和电子商务专业中职生对创新创业的支持程度无显著联系，假设显著性水平∝＝0.05。

检验可知，Sig 值小于显著性水平∝＝0.05，在 0.05 的显著性水平以下，因此认为父母与长辈对创新创业的支持程度对电子商务专业中职生对创新创业的支持程度有显著性的关系。

当父母长辈支持学生创新创业时，中职生支持创新创业的比重也大；当父母长辈不支持创新创业的时候，学生也持不支持态度。说明父母是否支持创新创业，影响着孩子是否支持创新创业。在问卷调查中，60%左右的父母是不支持孩子创新创业的。在访谈中，当问及父母为什么不支持创新创业的原因时，给出的理由有如下几种：父母更希望孩子找个稳定工作；怕创业失败；觉得中职毕业生年纪较小；没有资金给孩子创业。所以父母的支持度也一定程度上影响了学生创新创业的意愿。

## 二、跨境电子商务人才培养困境

### （一）我国跨境电子商务产业呈现爆发式增长，遭遇人才供给的瓶颈

伴随着全球现代信息技术的发展及经济一体化趋势的加剧，跨境电子商务这种新的贸易模式应运而生。跨境电子商务在我国最早出现于二十世纪末，以为中小企业出口提供服务的 B2B 平台（企业间通过互联网进行信息沟通，开展交易活动的商业模式平台）为标志，如阿里巴巴国际站、中国制造网等。在"互联网＋"的背景下，我国政府从产业规划、制度建设等多方面入手出台了一系列推动跨境电子商务发展的政策和措施，使之成为外贸经济增长的新动力。随之，我国跨境电商步入了爆发式的增长期。据阿里巴巴研究院及全球领先的行业数据分析机构艾媒咨询集团的统计，截至 2017 年 12 月，我国跨境电商企业超过 20.5 万家，相关的从业人员已超过 2 545 万人。目前，长江三角洲和珠江三角洲两地因拥有生产制造、国际物流、人才储备及原有的外贸基础等优势，是我国

跨境电子商务主要聚集区，业务主要集中于服饰、鞋帽、运动器材、家居类等产品。

随着我国跨境电商产业逐步跨入黄金发展期，对人才的需求日益旺盛。然而，现阶段面临的人才瓶颈问题日益突出。首先，相对于市场需求，我国跨境电商人才总体供给不足。其次，人才队伍结构不合理，高层次人才尤其是创新创业型人才更是缺乏。传统制造和外贸企业需要技术和营销类人才来建设电商平台及推动企业转型升级；跨境电商企业则更需要运营管理类人才促进企业发展。另外，跨境电子商务是个新兴产业，与传统产业相比业务涉及面广、对从业人员的创新创业能力和素质的要求更高。总之，我国目前跨境电商人才规模不够、人才质量不高等问题，导致跨境电商企业面临人才流失率高、创新创业型人才缺乏、企业人力资源成本居高不下等困境，已成为制约整个产业发展的重要因素。

**（二）跨境电商领域创业的大学生逐年增加，创业能力不足的问题日益突出**

在"万众创新、大众创业"的时代背景下，由于大学生是社会最具创新和创业潜力的生力军，高校科学地制定和实施创新创业教育发展战略，深化人才培养改革，鼓励学生以自主创业带动就业，是响应创新型国家建设战略及校本发展的需要。由于跨境电子商务存在创业相对容易、成本和风险较低、利润高等特点，跨境电商产业的发展为学生提供了良好的创业机会和平台，且发展前景广阔。因而，选择跨境电商领域创业的大学生呈现逐年增长的趋势。然而大学生激情四溢创业的同时也遇到了自身创业能力的瓶颈。学生在跨境电商技术运用及创新能力方面偏弱，同时也缺乏团队管理、市场运营和风险控制等经验，导致创业模式比较单一。多数学生选择第三方网络平台创立和运营网店，尽管这种模式投资小、见效快、操作起来简单灵活，但是易造成同质化的过度竞争甚至引起市场混乱。从而经营的利润普遍较低，甚至亏本。

**（三）我国高校跨境电子商务人才培养模式与产业需求错位**

高校是人才培养实施的主体，也是目前我国跨境电商人才培养的主要阵地。高校的跨境电商人才培养机制也是目前我国跨境电商人才培养机制最主要的环节。长期以来，我国高校倾向于以教育行政主管部门及学校自身的评价体系来实施学历教育，从而形成了跨境电商相关专业的高校教育与社会及产业发展的脱节，导致学校培养的人才规格、质量与市场需求的错位。跨境电子商务作为一个新的专业，人才培养的理论和实践体系还不完善，人才培养目标中的知识结构、技能和素质要求尚不明晰，需要通过实践不断更新。另外，相关的政策、场地、经费、师资等教育支撑体系也有待于进一步完善。目前在跨境电商人才培养中，高校往往过度注重理论教育而忽视实践，在专业课程体系中尚未融入创新创业教育。因而，很多毕业生由于缺少跨境电商相关的专业实践训练和职业生涯规划及创新创业教育，导致工作中动手和实际解决问题能力偏弱及团队意识淡薄，难以适应电商企业相关岗位的需要。很多企业招聘毕业生后，需增加不少成本实施岗前和在岗培训，以弥补学校教育的不足。

**（四）完善我国政产学协同的跨境电商人才创业胜任力培养机制日益迫切**

在知识经济和经济全球化的背景下，我国高速发展的跨境电商相关产业对所需人才的培养提出了更高的要求。然而，作为人才培养主体的我国高校目前还存在跨境电商人才培养目标界定不清、课程设置单调、实践教学严重缺乏、培养出的学生创新创业意识和能力不足等问题，已严重影响了人才培养的质量，进而影响到跨境电商相关产业的发展。究其原因，是高校和政府、产业等外部组织没有形成合力，未能充分提供人才培养所需的理论教学资源、实践教学资源和政府的政策资源。可见，我国跨境电商人才创业胜任力培养机制还不够完善。跨境电商人才培养是个系统工程，需要高校、产业、政府三方职能和资源的整合。建立和完善政产学协同的跨境电商人才创业胜任力培养机制成为日益迫切的话题。首先，高等院校作为科学研究、教学和社会服务的重要基地，在整个社会人才培养中发挥着举足轻重的作用；而开展生产实践的产业是国家创新的主体，迫切需要引进和培养高素质人才来充实其员工队伍；政府作为协调力量，则肩负着促进经济和社会协调发展的职责。由此，政产学三主体必然需要形成合力、实施协同育人。横观美、日、英等国，政产学协同的创业型人才培养开展得比较成熟。因而，政产学协同培养跨境电商人才也是我国跨境电商教育改革走向深化的迫切需求。要积极探索政产学合作，明确人才培养目标，建立有效的协同育人模式和评价机制，从而加快创业型跨境电商人才培养，促进产业经济和社会发展。

**（五）当前跨境电商人才创业胜任力培养机制的相关研究有待完善**

通过对跨境电商人才创业胜任力培养机制的相关文献研究发现，目前国内外关于创业胜任力及创业教育方面的研究成果较为丰富，主要集中于创业、创业胜任力、创业绩效等概念界定，创业胜任力培养与政策、产业层面的关系的探讨，以及高校创业教育模式改革的研究。但关于跨境电商人才创业胜任力培养方面的系统研究不多。具体来说，目前该领域的研究存在一些不足，主要体现在以下几方面。

其一，从研究内容看，跨境电商人才创业胜任力的概念内涵、培养机制方面研究存在不足。尽管创业胜任力的相关研究较多，但以往学者们只是提出了创业胜任力的初步概念构思，创业胜任力应该包括什么样的子维度，还没得出统一的结论。同时，以往的研究虽然有提到创业胜任力的影响因素及培养机制，但这些因素通过何途径来影响创业胜任力，以及其培养机制如何运作，还缺乏深入的探讨。而对于跨境电商人才创业胜任特征及其培养方面的研究则涉足的更少。

其二，从研究视角看，创业胜任力培养相关的研究往往集中于高校创业教育、政府政策引领、校企合作培养等其中的某个方面或某几个方面。从高校人才培养体系的视角，探讨教学目标、课程大纲、教学方式、实践模式等方面的内容居多。而从政产学协同的视角构建创业胜任力培养机制的研究不是很多，而对于跨境电商人才这方面的探讨则更少。

其三，从研究方法看，以往有关创业胜任力及其培养机制的研究主要集中在理论探讨和定性研究，实证和定量分析的研究比较缺乏。尽管目前对于大学生创业胜任力及其培养的研究较为丰富，但是针对跨境电商人才的创业胜任力研究，尤其是实证研究和定量分析的尚不多见。

总体而言，虽然近几年大学生创业能力培养的理论与实践研究是学术界关注的一个热点，但针对跨境电商人才创业胜任力培养方面的系统研究尚不多见，尤其是采用实证研究、通过定量分析方法来探讨跨境电商人才创业胜任力及其培养机制方面的研究更是缺乏。由此可见，构建和完善我国政产学协同的跨境电商人才创业胜任力培养机制，开展相关主题的研究，尤其通过实证研究和定量分析方法来探讨跨境电商人才创业胜任力及其培养机制的构成和运作机理，已成为必要而迫切需要被研究的课题。

# 第三节　电子商务创新创业人才培养策略

## 一、中职电子商务专业创新创业教育的对策

中职电子商务专业的创新创业教育的发展还存在很多问题，笔者希望通过本文找到一条依靠政府、社会、中职学校、学生和家庭之合力，形成一条中职电子商务专业创新创业教育的发展道路。

### （一）政府层面：加大政策扶持

政府的重视和支持是中职电子商务专业创新创业教育快速发展的一个重要前提。自中央提出要"大众创业，万众创新"，政府已出台一系列政策支持学生参与创新创业，给学生创新创业教育的开展创造良好的外部环境。针对中职生创新创业缺少政府政策的支持这一问题，要切实加大政府对中职创新创业教育的投入力度，支持中职毕业生在各行各业中发挥作用。

第一，政府财政支出方面。有关创新创业教育的政策，应向中职学校倾斜。为中职创新创业教育提供资金保障。增设创新创业教育专项资金、提高创新创业教师工资待遇。

第二，加大对中职创新创业教育的宣传力度。首先，是向学生和家长进行宣传，帮助学生家长了解政策，理解创新创业教育；其次，是向社会宣传，多做正面引导，扭转中职教育在社会的不好形象，为中职生毕业后自主创业打好基础。

## （二）社会层面：鼓励社会支持中职生创新创业

最近几年，随着创新型国家建设的推进，创新创业的呼声愈来愈高，社会对毕业生进行创新创业的支持度和理解度在逐年提高。可能由于社会对中职教育仍在刻板印象，认可度较低，所以社会对中职生创新创业的认同度仍然不高，认为中职生没有创新创业的能力，也没有必要进行创新创业教育。群众之所以产生以上想法，主要源于对于创新创业观念的不理解、社会创新创业氛围的欠缺。

**1. 营造正确的创新创业风气**　首先，树立"人人都能够创新，人人都可以创业"的观念。不能因为中职生的学历，就否定中职生创新创业能力。而创新创业教育的目的也不仅限于教人创业，而是更注重对学生创新创业综合素质的全面培养。另外，学校也要向社会展示毕业生在创新创业上已经斩获的优秀成果，改变社会对中职人员的刻板印象。

**2. 营造积极的创新创业氛围**　社会不仅要对创新创业的中职生有足够的支持，也要在他们遇到挫折和失败时，给予适当的包容。创业不会一帆风顺，失败时的包容与理解可能使失败者重拾信心。

**3. 社会提供资金支持**　中职人员创业起始资金的筹备，也是他们创新创业的一大难题。笔者在互联网上搜索，发现很多省份或城市都有地方性的创新创业基金会，如"顺德创新创业基金会""重庆市青年创新创业基金会"，这些基金会对创业者的创业计划进行筛选后资助。希望尚未创立的省份都能够向他们学习，建立此类创新创业基金会，并欢迎中职学生投递创新创业计划。

## （三）学校层面：健全电子商务专业创新创业教育体系

**1. 树立正确的电子商务专业创新创业教育理念**　正确的教育理念才能引导正确的教育方向，要明确"创新创业教育"是手段，

"育人"才是最终目的。将创新创业教育贯穿于电子商务专业人才的培养，是为了提高中职电子商务专业毕业生的综合素质，为电子商务行业输送优质人才。电子商务专业是对理论知识与实践能力需求并重的专业，中职学校本身就是培养技术性人才的教育，这是中职教育相对于高等教育的优势，所以中职电子商务专业更应该通过开展创新创业教育，将此优势继续放大。

**2. 构建电子商务专业创新创业课程体系** 由于中职电子商务专业教育与创新创业教育一直处于分离状态，与电子商务专业相关性低的创新创业教育课程，无法培育出社会需要的专业型创新创业人才。所以要在电子商务专业教育中融入创新创业教育，首先要重新构建电子商务专业创新创业课程体系。

（1）构建创新创业教育下的电子商务专业课程体系。在电子商务专业课程的基础上，有针对性地整合创新创业知识，构建电子商务创新创业教育的专业课程体系。这就要求专业课程教师不仅具备专业知识，还要具备创新创业知识，最好有创新创业经验。教师在制订电子商务专业课程的教学任务、教学目标时，就要把创新创业教育融入其中。在电子商务专业课程的教学中，更要以创新创业教育为导向，引导学生进行探索性学习，从而形成电子商务专业课程的创新创业教育模式。构建融合创新创业教育的电子商务专业课程体系，在一定程度上可以解决电子商务专业培养目标模糊的问题，提高学生自主学习的针对性。

（2）构建创新创业教育下的电子商务实践教学体系。创新创业教育推崇教师在课堂上只起引导和组织的作用，学生担任课堂的主体，这有别于传统教育，是对传统教育的变革。电子商务专业是一门注重实践的学科，对学生实践能力的培养是至关重要的，这就要求教师在实践教学中融入创新创业教育，引导学生在实践教学中，从创新创业的角度去全面思考问题、解决问题。同时学校要加强与企业的合作，寻求愿意为学生提供上岗实习的电子商务企业，让学生真实地体验电子商务行业的交易流程，让学生把课堂上学习到的理论知识，运用到网店维护、商品推广、物流服务等每一个环节。

**3. 加强电子商务专业创新创业师资队伍建设** 中职学校一直强调"双师型"教师,因为中职是培养专业技能型人才的学校,所以中职教师不仅要有具备理论知识,还要掌握专业技能。同理,电子商务专业要开展创新创业教育,需要一支由具备创新创业知识与创新创业经历的教师组成的创新创业师资队伍。

(1) 优化电子商务专业创新创业师资结构。首先,对于创新创业教师的聘用要严格,合格的创新创业教师不仅要具备电子商务专业知识和专业技能,还有具备创新创业经验,要从事过电子商务行业的创业活动。这样的教师才能够在专业课程或实践课程中自然融入创新创业知识,才能够有成功或失败的经验可以传授给学生,才能够敏锐地感知电子商务行业瞬息万变的创业环境。有了这样的导师,才能使学生在创新创业上少走弯路。其次,强化校企合作办学,可以学习研究生教育,给一组学生安排一个校外导师。校外导师丰富的实践经验,能在学生的创新创业活动中给予最切实的指导。

(2) 提升电子商务专业教师的创新创业综合素质。首先,教师要改变传统的教学方式,不能在采取"填鸭式"教学,要利用丰富的教学手段,培养学生的主动性、创新性,为学生之后的创新创业活动培养优秀品质。其次,开展教师创新创业培训,学校根据当前目前专业师资队伍的情况,尽力满足电子商务专业创新创业教育发展的需求,鼓励教师参加相应的创新创业培训,从而使教师在后续创新创业课堂的开展中能够游刃有余。最后,采取激励措施。学校不仅可以在学生中开展创新创业大赛,也可以组织教师参加教师组创新创业大赛,获奖的教师可以获得项目基金的资助。这些创新创业大赛的举办不仅可以使教师了解最新的电子商务创业行情,也可以感染学生创新创业的激情。

(3) 增加电子商务专业创新创业教师数量。目前,计划在短时间内组建一支既具备电子商务专业知识与专业技能、又具备电子商务行业创业经验的教师,是不容易实现的,中职学校可以借鉴国外的成功检验,通过政策扶持、绩效激励等方式带动更多的具备创新创业能力的电子商务人才，加入电子商务专业的创新创业教师队伍中。

**4. 完善电子商务专业创新创业实践体系**　电子商务专业是理论与实践的并重的学科，创新创业教育也非常重视理论与实践的集合。所以电子商务专业的创新创业教育，不仅要建立专业课程体系，还要完善创新创业实践体系。针对中职电子商务专业创新创业实践活动的重视度不高，形式单一、效率低下等问题，笔者提供以下三条对策。

（1）丰富创新创业实践活动形式。中职创新创业的实践活动主要集中在创新大赛，而学生热衷于参加创新创业大赛的原因是大赛得奖可以在综合测评中加分。首先，中职的实践活动应该多样化，如开展创业模拟训练、行业专家讲座、各类创新创业竞赛、企业参观或实习。其次，在综合测评中，加入创新创业测评模块，凡是参与创新创业活动有所收获的，都可以在此模块中加分，以此激发中职生参加创新创业实践的热情。

（2）制定创新创业实践计划。创新创业实践是中职电子商务专业创新创业教育的重要环节，可以将创新创业大赛、企业实训、专家讲座、课外实践活动等统一进行规划，使其成为中职电子商务专业的学生，除了教学计划上安排的专业实践课程外的"第二实践课堂"。将这些活动进行整合，制定一套创新创业实践计划，统筹规划这些活动的安排，培养学生的实践动手能力，项目的策划能力、企业管理能力、危机处理能力、风险预判能力以及组织协调能力。

（3）专业实践与创业实践融合。电子商务专业实训是指中职学校以提高学生职业技能为目标，以满足企业用人需求为目标，通过模拟电子商务行业真实的交易流程以及工作环境，使学习参与真实的电子商务专业案例，在短时间内提高学生的专业技能、实践经验。虽然许多学校都拥有专业实训基地，但是专业实训的重点都放在电子商务专业技能的培养上，忽略了创新精神和创业能力的培养。创业实践需要学生扮演的角色不再是专业实践中的参与者，而是有领导的能力和决策的能力的角色。首先，学校可以建设校企合作服务平台，让学生参与到电子商务企业的实际运营中，巩固学生专业知识和实践能力的同时，培养学生的创新精神与创业能力。其次，学校或电子商务专业可以争取社会资助或政府扶持，为学生设立创新创业专项基金，帮助学生的创业实践变为现实。专业实践与创业实践相融合，在学生提升专业实践的同时，培养学生的创新精神与创业能力，使学生能够在毕业后适应社会就业，积极主动参与创业。

**（四）学生层面：提升学生创新创业意识与能力**

创新创业教育的最终落脚点在学生，电子商务专业的创新创业教育的最终落脚点在电子商务专业学生。虽说创新创业教育还需要政府、社会、学校、家庭多方共同助力，但教育的主体是学生，只有提高自身创新创业意识与能力，才能更好地接受创新创业教育，毕业后能够适应新时代的工作岗位、积极参加创业，才是创新创业教育的成功。根据电子商务专业部分学生创新创业兴趣不高、意识不高，创新创业能力仍有待提高的问题，提出以下建议。

（1）提升学生的创新创业意识。学生受社会和家长的影响，害怕创业失败，所以抵触创新创业教育，对创新创业教育兴趣不高。只有学生的创新创业意识得到提升，学生才能全身心投入到创新创业教育中。首先，要正确认识创新创业教育，创新创业教育的重心依然是"育人"，是培养学生创新精神、创业能力等综合素质的教育。无论将来学生在电子商务行业是就业还是创业，具备创新创业综合能力都将让学生受益匪浅。其次，教师和学生可以主动了解电子商务行业的动向与前景，并互相分享；了解电子商务行业的创业成功事迹，对电子商务创新创业产生认同感；学校邀请创业成功的电子商务专业毕业生，举办创新创业经验交流会，同专业学长学姐的成功，更能够激发在校生的创新创业斗志。

（2）提升学生的创新创业能力。首先，学生要在专业课程中学好理论知识，例如市场营销、商务管理、计算机基础知识；在专业实践培训中，掌握专业实践技能，可以为将来的就业和创业打下扎实的基础。其次，可以参加学校组织的一系列创新创业活动：行业专家的讲座，可以帮助学生快速掌握电子商务行业前沿资讯；创新创业竞赛，可以训练学生的组织协调、策划、人际沟通等创新创业不可或缺的能力；参观电商企业，或者进入电商企业实行，可以帮助学生最直观的体验电商企业运营的每一个环节。除此以外，若缺乏动力，学生易在学习过程中有惰性和依赖性，要有意识地主动克服，通过创新创业教育，培养创新创业能力。

（3）增强学生的心理承受能力。无论是在校参加创新创业活动，抑或毕业后创新创业，都不可能一帆风顺。创新创业方案的提出阶段或者创业店铺的经营管理阶段，都可能会面临他人的否定与质疑。面对这种情况，就需要创业者有强大的心理承受能力，要相信失败乃成功之母、机遇与挑战是并存的。

（4）培养学生的市场开拓和市场风险意识。创新创业具有开拓与继承性，要能在他人已发展的领域找到新的突破口或者开拓自己的新领域。所以需要创新创业者有市场开拓的意识，同时机遇总是伴随着风险，这就要求创业者具备一定的市场风险意识。而中职学生的学习环境还较为封闭，对瞬息万变的电子商务行业还不够了解。这就需要学生结合自身情况，借助互联网了解电子商务行业的最新动向，同时，学校和教师要意识地在平时的实践课堂和课外创新创业活动中，培养学生的市场开拓意识和市场风险意识。

**（五）家庭层面：营造积极的家庭氛围**

家长是孩子成长路上必不可少的陪伴者，恰好中职电子商务专业的学生，正处于青春期这一关键期，这一时期的孩子尤为需要家长的理解与支持，家长的支持是中职生创新创业的动力来源。但家长对中职生创新创业存在认知上的偏差。认为创新创业风险大、失败多，只有找一份稳定的工作才是最正确的，这时候就需要学校与学生共同努力、与家庭沟通，树立正确的创新创业观念。

（1）有效的家庭沟通。首先，中职生要向家长传播在学校学到的创新创业知识，告诉家长自己的创业计划，以获得家长的认同；其次，家长要倾听孩子的想法，要支持孩子想寻求自我价值的实现，形成家庭内部的良性沟通。

（2）正确理解创新创业教育。首先，需要家长主动了解孩子专业的未来前景以及学习创新创业理念。其次，家长应该改变他们传统的就业观念，孩子未来选择不是只有就业这一条路，创业一样可以大有可为。家长应该相信自己的孩子有创新创业的能力，给孩子进行多个选择的机会，营造一个包容、理解、适合创新创业的家庭氛围。

## 二、优化我国跨境电商人才创业胜任力培养机制的对策

### （一）以人才培养战略为引领、完善政府行政驱动机制

战略是组织朝着既定目标发展的全局规划，也是跨境电商人才培养的顶层设计。在我国的市场经济运行中，作为推动产业发展及企业运营的引导者，政府对大学生开展跨境电商创业会产生重要的影响。因此，政府要以市场运作机制为导向，以人才培养战略为引领，继续完善行政驱动机制，给政产学合作提供更多的平台和空间支持。

**1. 制定和实施电商人才培养战略计划，加大人才培养力度**　只有从战略的高度，才能充分认识到创业型跨境电商人才培养的重要意义。跨境电商人才培养战略规划和实施计划要融入国家战略发展和地方社会创新发展规划中，要结合地方电商产业发展的需求及当地高校人才培养状况，制定和实施有效的人才培养战略和具体的实施计划。

为保障人才战略的有效实施，需要建立立体化的跨境电商创业人才培养体系，采取高校学历和非学历教育结合社会化培训的人才培养模式，从而加大人才培养力度。建议由教育行政主管部门牵头，鼓励高校根据自身开展科研、教学、社会服务等具备的条件，结合当地相关产业需求开设跨境电子商务相关专业，开展创业型跨境电商人才培养。政府、高校、产业和其他社会培训机构要协同建立完善的创业培训体系，搭建社会化的创业教育平台，为有创业潜质和创业意愿的大学生提供包括创业培训、项目指导、孵化支持等

服务，突破高校现有的创业教育师资力量和资金不足的瓶颈。

**2. 加大创业专项经费的支持力度**　跨境电商创业人才的培养是个系统工程，需要大量的资金投入。建议政府完善财政、税收制度以及创业扶持政策，深化金融体制改革，建立和完善多元化的创业投资和融资体系。拓展包括政府主导的资金投入和市场主导的资金投入等渠道的资金来源。

（1）完善财政支持制度、加大政府对大学生创业扶持资金的投入。建议政府完善财政、税收支持制度和跨境电商创业扶持政策，建立多种形式的跨境电商人才创业扶持基金。对大学生创业的扶持资金可分为两类。一方面是创业专项资金，即政府提供免息贷款、风险投资等，资助有市场前景的创业项目；以及挖掘典型的大学生创业事例，予以嘉奖。另一方面是政策支持，给予创业场地和设施租金减免、税收优惠等，从而减少创业大学生的资金压力。

首先，要推进财政制度改革，各级政府可设立"电商创业专项基金""电商产业扶持基金"等，建议将其纳入年度财政预算和规划中，使对创业的学生资助成为常态化。考虑到目前我国政府提供的经费额度偏小及资助规模的局限性，建议政府提高资助力度。同时，要引导各地以有限的财政资金投入来带动大量的社会资本投资大学生跨境电商创业领域，从而建立起政府引导型创业基金，取得杠杆作用的优势。此外，政府要完善政策扶持措施，继续加大对电商创业的扶持。对新创的跨境电商企业入住跨境电商园区给予一定期限的租金减免、税收优惠，对于绩效良好的企业给予奖励等措施。

（2）深化金融体制改革、拓展电商创业资金的来源渠道。建议政府推进金融体制改革，完善金融组织和服务体系，引入市场运作机制，拓宽电子商务创业企业融资渠道。促进投资和金融机构的发展，引导其建立电子商务投融资服务体系。以市场运作机制为导向，推进国内外知名的天使基金、风险投资、私募股权投资机构及本地创投机构和天使投资人的发展，积极探索新兴融资模式，大力支持股权众筹平台的发展。引导网商银行等地方民营商业银行提高融资额度、拓展融资标的，积极拓展为中小跨境电商企业提供融资服务的途径。同时，要吸引更多民间资本以入股、捐赠、众筹等方式投入到大学生创新创业项目培育上来，实现资金来源的多样化。

（3）建立基金管理机构、优化创业基金运作。要完善基金管理机构，优化创业基金运作机制。建立创业基金引入机制，实施多元筹资。建立科学的基金考核制度，建设涵盖引入基金的数量、作用、增值等评价指标体系，完善基金的绩效评价机制。提升基金管理水平，加强基金运营风险控制，注重资金的退出。

首先，要建立基金管理机构，来有效运营创业基金。针对跨境电商创业投资引导基金，可委托两类管理机构进行运营：一类是由政府及相关部门成立的基金管理机构，另一类是选择银行等金融机构。除了托管给政府相关的基金管理机构，政府部门可通过招标形式，吸引多个金融机构来运营管理大学生跨境电商创业基金。此外，对于创业基金的有效运营，关键在于要建立以市场化运作为主导的管理模式和运作机制。要进一步完善政府、企业、高校与商业银行、创投机构的合作机制，完善银行、信托公司、担保公司等各类金融机构的服务、创新基金运作模式，提高政府引导基金的杠杆率和作用。从而提升创业基金运营绩效，协调和保证创业者、投资者等各方利益。

**3. 保证创业支持政策的持续性、加大创业胜任力培养的驱动力度** 从实证研究中发现，政府行政驱动因子对跨境电商人才的创业机会胜任力和创业效能胜任力有促进作用。政府要进一步优化政策保障职能，完善行政驱动环，政府要打造创新创业的文化氛围。贯彻落实"大众创新，万众创业"的战略，可将学生典型的创业项目推广为全民创业教育运动。鼓动电台、网络、报纸等新闻媒体进行广泛的宣传报道，提升跨境电商创业者的形象和地位，积极营造鼓励冒险和容忍失败的宽容的创业氛围。

政府要继续完善跨境电商创业及人才培养的相关政策法规，如国际贸易政策、电子商务产业发展政策、鼓励大学变革和创新电商人才培养的政策等，形成有利于跨境电商人才创业的政策和法律制度环境。政府要通过设立专门的综合协调部门和机构，落实和兑现大学生创业扶持政策。各地推进跨境电商产业园区建设，以此为依托建设跨境电商创业孵化基地，明确其定位和功能并有效运作。要对学生提供多种形式的创业扶持，为学生提供创业培训、政策咨询、项目指导、场地和设施支持、租金和税收减免、创业跟踪扶持等一系列服务，切实提高其创业能力。

## （二）完善高校创业教育机制、加强创新教育

要完善高校创业教育体系，并理顺运作机制。通过打造创新创业文化、创建创业教育组织体系、设置科学的跨境电商人才培养目标、构建课程体系、建设师资体系、搭建实践平台、完善学生创业支持制度、建立评价机制等多方面入手，鼓励学生围绕创新创业，采取理论结合实践的学习方式，以提升创业胜任力培养效率和效果，着重做好以下几点。

**1. 跨境电商人才创业胜任力培养目标和计划的合理化**

（1）人才培养目标合理化。创新型国家的建设，关键在于建设一批具有创新和创业能力、擅于将之转化为实际成果，进而推动生产力提高的高素质人才队伍。在这个国家战略引领下，高校应结合地域优势及区域产业经济特点、发挥自身优势，积极融入国家和地方创新体系建设中。跨境电商人才创业能力的培养要瞄准政府规划和产业发展需求以及学生自我发展的需求，同时引导学生通过创业实现对就业的拉动和倍增效应。

组建由高校教师、政府专员、跨境电商企业管理者及技术人员等组成人才培养委员会，总体把握跨境电商人才培养模式的精髓，确定培养目标、完善课程体系建设、搭建实习实训平台以及开展创新创业教育等。紧密结合跨境电商产业需求，围绕跨境电商人才创业胜任力培养，构建"创新创业教育"与"专业教育"融合的人才培养模式。创业教育的理念要由鼓励大学生开启创业活动导向的模式向具有企业家精神的高素质经营管理人才培养模式的转变。培养出能适应二十一世纪我国社会经济和产业发展实际需要，掌握扎实的现代商务和信息技术交叉的知识与技能的复合型人才，使之成为

能适应动态变化的环境，具备创业机会识别和把握、跨境文化管理、团队领导和建设、商务创新管理、创业执行和运营等综合能力的跨境电商人才。

（2）设置多类型、层次化的培养计划。多类型、层次化的培养计划是跨境电商人才创业胜任力培养环节的核心，应按照国家战略、政府规划及产业发展的需求制定合理的人才培养计划。跨境电商领域创业的人才来自计算机、国际贸易、外语、电子商务、市场营销、工商企业管理等专业，涉及经、管、工、法等多个学科。针对跨境电商人才创业胜任力的培养，要结合学历教育和非学历教育，制定出相应的学位培养计划和非学位计划。通过学位计划培养的毕业生将获得相应的本科学位，而非学位培养计划则可以课程计划和辅修计划的形式开展。

**2. 完善创业教育课程体系、加强创新教育**

（1）完善课程体系。要根据国家经济社会发展重点结合区域优势，开设具有地方特色的创新创业课程。将创新创业精神的培养贯穿于课程计划、要融入课程教学内容中。从而，激发学生的创新创业意识、增加学生相关的知识储备，提高其创新创业技能，使之成为能引领产业未来的可持续发展的创新创业型人才。针对跨境电商人才创业胜任力培养，要建立和完善创新创业课程与教学体系。课程体系要涵盖电子商务专业课程、行业课程、创新和创业课程。

跨境电商专业课程模块要涉及网络营销、商务管理、跨境电商技术以及跨境电商运营和策划等内容。课程可以以跨境电商运营的实际项目为导向，采用任务驱动，师生互动式的教学方式。通过学习，使学生熟悉和掌握电子商务技术、网络营销、国际贸易、项目运营等跨境电商领域基本的理论知识和实践技能，从而为解决学生参与企业实践及自主创业中遇到的跨境电商实际问题打下基础。

行业课程模块要涉及地方经济发展状况及创业政策等内容。通过开设讲座、案例教学、调研等教学模式，让学生通过跨境电商行业模块的学习，了解网络经济发展的时代背景和当前社会形势，了解地方电商相关产业发展状况、熟悉地方商帮文化及创业政策。鼓励学生融入企业的生产实习和实践中，通过熟悉电商企业各岗位职责和胜任力要求，树立起严谨的职业操守和工作作风。同时，也让学生学会分析地方政府出台的相关跨境电商创业的政策，鼓励学生结合产业发展的实际需求把握商机，走上跨境电商领域的创业之路。

创新课程模块要涉及技术创新、服务创新、管理创新以及跨境电商平台创新等内容。通过案例教学、实习实训等教学模式，引导学生结合全球化的文化背景及跨境电子商务行业，熟悉创新的理论和方法。引导学生通过不断的产品创新、工艺和服务流程创新等全面创新及管理的实践，培养爱岗敬业、人际沟通、团队协作等职业素养，从而提高学生的商务创新胜任力。

创业课程模块要涵盖创业精神、创业技能和创业实践的内容。通过案例教学、情景模拟、内容体验、素质拓展训练、互动式教学结合项目实践等多种教学模式，激发学生的风险创业意识、培养其创业精神。通过创业课程模块的学习，使学生掌握商业计划书写作、跨境电商创业项目运营、跨境电商企业创办的流程及企业经营管理的理论和方法，掌握投资与理财、团队管理、创业风险管理等技能。引导学生参与多元的创业实践，提高其综合的创业能力。

（2）创新创业导向的实践教育体系设计。风险创业的过程也是识别和把握商业机会、组建创业团队、协调和利用各种资源、将之有效配置，以达成组织绩效的动态过程。创业胜任力是一种涵盖了商业机会把握、产品（服务）研发、生产运营管理、营销策划、企业文化塑造、风险规避等综合的资源整合和协调能力。创业胜任力的培养必须依靠创新创业的实践教育体系的建设。实践教育是贯穿于创业人才培养过程中的不可或缺的环节，在推动学生创新意识和实践技能发展的同时，有助于学生认识社会、明确自身定位及事业发展的舞台。

要构建包括跨境电商相关的课程与毕业设计、岗位实习实训、创新创业训练计划、学科竞赛、创业实践等多元化的实践教学体系，以培养学生在跨境电商领域的实践能力。需引导学生做好职业规划，让其既可在现有的实习实训课程中学习创新创业教育的内容，也可通过在企业的专业实习，提高创新创业的实践能力。学校可整合校内外软硬件资源对学生开展创新创业模拟实践训练，如：举办讲座、论坛、企业家沙龙、创新创业大赛，引导学生积极参与大学生创新创业训练计划和学科竞赛，从而使学生在增加创新创业知识的同时，丰富了对创新创业活动的体验。同时可对学生开展创新创业实战训练，可以跨境电商企业实际生产项目带动、团队协作完成、项目化管理等多种方式，积极引导学生参与创新创业活动。对于涌现出的有市场前景的项目，要提供项目论证、创业咨询、跟踪扶持等孵化服务，积极创造条件推动一批学生开展自主创业。

通过创新创业模拟实践和实战训练，引导学生把握跨境电商产业发展中出现的商机，走上自主创业的道路。鼓励学生面对跨境电商市场需求，设计开发跨境电商软件平台，创办和运营跨境电商网店，为客户提供跨境电商培训、咨询、信息、技术支持等服务。不断提高学生创业机会胜任力、团队建设胜任力、跨境文化胜任力、创新胜任商务力、创业效能胜任力等综合的创业能力，从而取得良好的创业绩效，助推区域经济转型和发展。

（3）注重学生创造创新能力培养。创业是一个发现和捕获商机，由此创造出新产品和新服务并使之商业化，从而创造出价值的过程。创业的本质是创新。通过实证研究可知，我国目前跨境电商创业教育中忽视了学生创新能力培养，系统化的创新课程尚未建立、创新教育的效果不明显。创新能力是一种复杂能力，主要是由知识视野、创新意识、创新思维、创新技能等要素相互作用而形成的综合能力。创新不能泛泛而谈，它需要扎实的跨境电商专业和行业知识作为基础，首先需要通过专业和行业相关教育，让学生掌握跨境电商领域的知识、技术，学习和掌握跨境电商创业模式与创业规则，使学生具备开阔的知识视野。其次要注意学生的创造意识培养和创新思维拓展，通过创新课程教学，激发学生的创造动机，培养学生思维的灵活性和独创性。训练学生批判性思维、逆向思维、发散性思维、超前思维、灵感性思维等。最后要引导和鼓励学生开展技术创新、服务创新、管理创新等全面创新和管理的实践。

通过创新创业课程教学，让学生学会设计和运用电商创业网络平台；能把握全球客户的需求，设计、开发出新的产品和服务；能对老产品的生产工艺和服务流程进行改进优化；能根据新的创新企业的发展需求，对组织进行战略、文化、制度等方面的管理创新；以及对市场营销、顾客服务等商业模式进行创新。作为团队管理者，最重要一点是能发动全员创新，鼓励组织内部成员提出创新思想和建议，形成群体创新氛围和多渠道创新的实践。

**3. 加强创业教育师资队伍建设**　创业教育的实施也是一个围绕人才培养目标开展的，教师和学生共同探索创造、创新和创业精神，相互情感交融和共同成长的过程。因而教师是影响人才培养质量的关键因素，开展创业教育，不仅要求教师具备扎实的专业知识理论功底和一定的行业背景，还要有相当的实践经验和较强的教学能力。加强创业教育师资队伍建设，要坚持专职和兼职队伍相结合、引进与培养并重的原则。着力打造一支理论和实践并重、专职兼职结构合理的高素质师资队伍，并将之纳入学校的发展战略规划中。要注重教师创新创业意识的开发、创业心理素质的培养、创业知识的累积及创业技能的训练，不断提高师资队伍的创业理论教育和实践教育水平。

（1）加强专职教师队伍建设。专职教师队伍包括在跨境电子商务相关专业，从事创新创业教育的专业教师、就业指导教师和学生辅导员。高校要完善相关科研和教学机构，引导这些教师积极开展科研，提高其在专业教育、就业指导等课程中对学生开展创新创业教育的水平。加强专职创业教育教师的培训，丰富和完善他们的创业知识体系。打造"双师型"师资队伍，鼓励教师积极参与企业挂职锻炼、融入社会行业的创新创业活动中，从而解决理论和实践脱节的问题，提高教师自身的实践能力和实践教育水平。同时，学校可聘请跨境电子商务领域的高层次经营管理人才、技术骨干、政府部门专家等加入学校教师发展中心、教学督导组、专业教学指导委员会等相关机构。参与学校的师资队伍建设及学生人才培养方案的制订和实施。建立校内外教师定期交流和培训、学习机制，让专职教师及时把握跨境电商产业发展的新动态和对人才培养的新要求。另外，要积极鼓励教师参与创业实践、获得创业经验，促进教师自身知识结构的完善、以及科研和理论及实践教学水平的提高。专职教师队伍的素质建设，很重要一点，高校要从经费补给、时间安排、教学考核、职称评定等方面给予倾斜支持。

（2）兼职教师队伍建设。兼职队伍则包括从事跨境电商领域创新创业相关的校外教师、企业家、政府部门专家、技术创新专家、咨询师等。我们可以聘请他们作为兼职教师，参与人才培养方案制定、创新创业课程体系的构建、学生实践指导等，从而弥补高校创业教育师资数量不足、教师创业实践经验不足等薄弱环节，以提高创业教育的效果。值得注意的是，外部相关师资如何有效地参与到课程开发和教学中，已成为学校提高人才培养质量的关键。为了使外部师资更加适合跨境电商人才创业胜任力培养的需要，各高校和企业、政应建立跨境电商领域创新创业资源共享机制，建立区域性的校友和其他企业家创业师资信息共享数据库，达成课程教学及实践指导师资共享，从而建设起一支高素质的兼职教师师资队伍。

**4. 建立和完善学生创业支持制度**　从学籍管理和教学制度改革入手，要建立和完善支持学生的创业及创业教育的制度。

（1）健全休学创业的弹性学制、完善学籍管理规定。健全学生休学进行创新创业的弹性学制，有已有自主创业计划的学生，可放宽学生修业年限，允许学生分段完成学业。如：①保留学籍，允许在校生和已有创业计划的新生调整学业进程。针对欲保留学籍创业的学生，可简化休学申请和审批程序，并适当延长其学习年限。另外，可优先支持其转入其从事的创新创业相关的专业学习，从而降低学生创业的机会成本。

（2）改革教学制度、完善创业支持。完善激励学生开展创新创业的教学改革，建立自主创业学生学分累计与转换制度。在跨境电商人才创业胜任力培养方案中，设置必修的创新创业学分，并提高实践部分比重。鼓励学校建立学生创新创业档案、为有潜质的学生制订个性化的培养计划。完善课程免修和学分转换制度,学生开展创新创业活动,取得的科研、创造发明、创业实践等相关的成果,可以折算学分。引导学生开展基于创新创业实践能力培养的毕业设计(论文),将创新创业实践与学生评优和升学挂钩。另外,可以通过学生创新创业档案等途径来评价教师的创新创业教育能力,对优秀的指导教师进行奖励,将其指导成果纳入考核和职称评审体系。

**5. 建立和完善创业教育质量跟踪体系** 政产学协同育人专家小组应该对所培养的跨境电商人才进行跟踪调查,检验人才培养目标和方案实施效果,得到真实有效的反馈信息,对学生跨境电商创业胜任力培养机制进行持续改进和完善。

高校要建立跨境电商人才创业教育质量监控系统,通过信息跟踪系统,建立学生个人的创新创业能力发展档案。把创业率、创新创业质量、个体创新创业能力增长状况等作为创业胜任力培养效果的重要指标。值得注意的是,要合理把握时间点对创业胜任力培养效果进行评估。可在学生接受创业教育前后,分别对其个体的创业意识、创业心理素质、创业知识和技能等综合的素质进行测评;也可在学生接受创业教育过程中及创业实践活动的中对其进行评价。通过测量找到差异,以此来评估跨境电商人才创业胜任力培养的效果。

**(三)完善产业协同育人机制、加大人才培养中的投入**

产业(企业)是国家开展创新创业活动的主体,也是创新创业实践的重要阵地。跨境电商企业拥有丰富的创业实践教育资源,是参与构建跨境电商人才创业胜任力培养体系、开展创业教育的重要主体之一,在人才培养中应发挥主要参与者作用。

**1. 完善产业人才培养的带动机制、深入校企合作** 产业是科技创新的主体,政产学合作可以互利互惠。跨境电商企业是产业经济的"细胞",是协同培养跨境电商人才的实践和创业孵化基地。企业要认识到自己在人才培养中的参与主体作用,在政产学合作战略的引领下,建立校企合作机构及其运作机制。引导企业导师进校指导、鼓励师生下企业实习,提供经费保障,不断建立和完善产业协同培养机制。

围绕跨境电商人才创业胜任力培养，企业要全程参与到人才培养方案设计、课程建设、实习指导、创业扶持等的各个环节，要融入产业对人才质量标准的诉求。企业可发挥实践经验和资源优势，选派一些经营管理精英到高校，充实师资队伍。企业兼职教师要参与制定跨境电商人才创业胜任力培养目标及方案，参与课程建设、编制教材等；提供企业实践平台，指导学生进行实习、实训。指导学生选择跨境电商创业项目，制定创业计划、开展创业活动及提供其他孵化支持。坚持产教融合育人，使学生更好地完成学业与创新创业实践以及就业的对接。

**2. 加大企业在人才培养中的资金投入** 建议建立产业经费资助制度，引导跨境电商企业增加对创业教育及大学生创业的资助。企业可以设立各类创业扶持基金，如：奖学金、创业大赛经费资助、风险投资。扶持资金也可与大学生的创新创业项目对接，发掘和参与大学生优秀的跨境电商创业项目，提供孵化支持。从而推动大学生创业，促进其创业胜任力的培养。

**（四）完善政产学协同机制**

针对跨境电商人才培养，"政产学三螺旋"协同育人机制还处于政府主导推动，完善体系体制的促生阶段。政产学还未形成有效协同的合力、协同育人机制运作的不畅。以人才培养目标为战略协同契合点、以共赢互惠的合作文化为先导，完善政产学协同育人组织。在此基础上着重建立和完善人才培养机制的各项制度：

**1. 合作伙伴甄选和对话制度** 合作伙伴甄选和对话制度是寻求到核心能力互补和能互利共赢的伙伴的保证。首先政产学三主体要明确自身的发展需求和目标。接下来要对潜在的合作伙伴进行评估。通过互动和交流，熟悉各主体的战略发展目标、各自具备的条件以及具体的合作诉求，明确各方在合作中的责任、权利和义务。以此判断各方是否具备合作的条件、合作中能否互惠共利，从而甄选到合适的合作伙伴。

**2. 考核制度** 考核可以起到检查和纠偏的作用，是跨境电商人才创业胜任力培养机制有效运作的保证。考核制度的关键在于建立科学的评价指标体系。可从创业人才培养的投入和产出的角度对政府、产业（企业）、高校及学生进行考评。对政府的考评主要是政策出台、场地和设施提供、资金投入、孵化支持等指标。对产业（企业）的考评主要是企业实习实训项目的投入、企业指导教师的投入、资金投入等指标。对高校的考核评价主要是创新创业文化建设情况、创业师资状况、创新创业教育课程开展程度等指标。从创业教育绩效层面，主要从学生创业的比例、学生创业能力的提升程度、学生创业绩效等指标来考核评价。完善的考评体系也是对高校、产业和政府三主体在跨境电商人才创业胜任力培养机制运作中职责履行的约束。

**3. 激励措施和合作伙伴退出制度**  在考核制度的基础上，要建立有效的激励措施和合作伙伴流动制度。激励要寻求政府、产业（企业）、高校三主体利益的最佳平衡点，依据责任和义务的实施程度开展有效的奖励和惩罚。对于明显不适宜后续合作的伙伴，要实施流动制度，允许其退出，并通过甄选鼓励新成员加入。

**4. 风险管理制度**  风险指的各主体在合作中相对于投入，得到最终合作成果的不确定性。由于政产学三主体组织性质和所拥有的资源差异，又存在信息不对称、不同的利益诉求等，合作中必然存在一定的风险。在跨境电商人才创业胜任力培养中，存在着科研项目合作创新风险、课程合作开发风险、理论和实践合作教学风险等。因而要建立涵盖风险识别、风险评估、风险控制等环节的风险管理制度，以有效地规避和控制风险。政产学三主体要合理分配各方投入的资源，预估合作不确定性后果的影响程度，理性评估三方竞争能力的互补程度，从而决定开展合作的深度与广度，以有效保证合作的成果。

另外，要强政产学协同育人效果的评估。通过评估反馈再不断地改进，完善高校、产业和政府三主体协同育人机制，促使其进入高校和产业本位驱动、深度合作的"成形"阶段，直至进入多元主体驱动，创业教育与社会协调发展的"成熟"阶段。进而，不断提高跨境电商人才创业胜任力培养效果。

# 第六章

# 电子商务人才培养模式探索

## 第一节　OBE<sup>①</sup> 理念下电子商务人才培养模式构建思路

### 一、OBE 模式核心内涵

OBE 模式是成果导向教育，基本教学导向为学生的学习产出。这是一种比较新颖的理念，主要强调了能力本位。也就是说，以这种理念作为基础的教学模式更加注重"学生能完成何种工作，就使其具备何种能力"。OBE 强调每个人都可以在某方面成功，只要通过足够的学习就可以达成目标，进而起到一种激励的作用，以成功为结果去进行培养。同时，该理念指出，评价应当是全面的，而不是简单地对成绩进行对比与排名，每个学生都是平等的，主要为他们提供合理的教学，就必然可以获得成果。总而言之，OBE 理念的核心内涵就是更加重视能力培养，同时强调了学校的责任。

以 OBE 理念为核心形成的教学模式是具有现实意义的，从理论上来讲，可以培养出应用型人才。该模式规定了教师要先明确最终成果，并将其作为目标来规划之后的教学工作。通常教师需要完成的是设定学习目标、制定教学大纲、确定学习内容和构建评价体

---

① OBE（Outcome-Based Education）是一种教育理念，核心是以学生为中心，注重学生的学习成果。在国内，OBE 也被称为成果导向教育，有时也被称作能力导向教育、需求导向教育或目标导向教育。——编者注

系等，那么在该模式下，这些工作都必须以成果作为目标来完成。通过这种方法，可以使成果达到预期，学生的知识与能力也会有飞跃式的进步。同时，因为更加重视学习的成果，所以考评也要更加全面，从而可以对阶段性的教学情况进行总结，并以此为参考来规划后续工作。因为这种教学模式是比较新颖的，所以仍然缺少大量的实例来论证其有效性，虽然目前已经有了一定进展，但这还是远远不够的。因为该模式首次将"学生"作为核心来进行人才培养，这对教师的要求很高，在实施中还需要不断探索与完善，这样才会取得好的成果。同时，还要把握好 OBE 的内涵，始终将其作为指导方针，避免出现错误。

## 二、OBE 教育理念在电子商务创新创业人才培养方面的优势

### （一）OBE 理念是高校教学改革发展的导向

"质量不足，评价体系不合理"已经成了当前高校教学的主要弊端，这会极大地阻碍到未来的人才产出。教育如果不能做好，对国家的发展也是极为不利的。因此，提高教育质量、优化评价体系的实施已经迫在眉睫，需要在短期内实现改革。如果要评价教育的质量，就必须要以取得的成果作为指标。因此，评价指标必须要客观，同时具有科学性，这样才能更好地完成评价工作。同时，还要质量保障体系和评价模式，从而对教育起到推动作用。当然，最重要的是要将培养目标的完成情况作为主要指标，并以 OBE 理念作为指导方针。

### （二）基于 OBE 理念的人才培养模式有助于应用型人才培养

电子商务是以互联网为载体的新兴产业，与电子商务行业紧密结合，面向于现代经济社会领域而开展商务活动。人们的生活因此出现了很多变化，一些新兴行业也有了活力，这反映出了积极的效应，是我们需要关注到的。因为产生的影响是积极的，所以电子商务的发展非常快，我们可以明确感知到这一点。与此同时，这个行业更加需要人才来加入其中，这样才能实现进一步发展。因为很多

开发、运营工作都必须人工完成，所以人才是必不可少的。很多高校顺应这种需求，开设了相关专业，目的是承担起责任、输出更多人才。学校为了将教学做得更好，为学生创建了良好的实践场所，并提供实习的机会。另外，专业的建设也始终在进行，这说明国家也对此十分重视。政策上以及资源上的支持，使教学受到了很大的助力。然而，因为常规的培养方法中有很多弊端，所以效果很难达到理想化。因此，变革已经成为必然，否则将会落后于时代。从当前实情来看，以 OBE 理念作为核心的培养模式有利于高校电子商务专业的人才培养，并且以应用型人才作为目标，能输出能力水平较高的人才。在这个过程中，我们需要不断总结经验，从而在各个方面都能有所进步。

## 三、OBE 理念的电子商务创新创业人才培养路径

### （一）以学生的学习产出为导向的课程教学目标设定

因为 OBE 理念主要是以成果为导向，所以必须要首先明确最终目标，这也是该理念的显著特点。只有明确了想要获得的成果，才能以此为导向来对教育进行规划。在确定了人才培养的目标后，需要根据行业、产业以及社会的需求，并结合专业的特点以及学生的实际情况，来规划出一套最合理的教学方案。另外，还要充分考量未来的长远需求，不能只注重当下，让学生止步于不会被淘汰，要逐渐成为整个行业的中流砥柱。如果学生可以获得更多的成就，也就说明这种培养的方式是正确的并且是可以取得成果的。目前对人才的定义主要集中在知识、能力与素养三点，只有这三点都达到了较高的水平，才真正成为社会需要的人才。知识、能力和素养也代表了电子商务专业总的产出能力，因为专业之间本身是存在差异的，所以需要根据自身特点来对这三个方面进行规划培养的具体流程。另外，还需要构建专业知识体系，将所有的工作都细致化，并总结出具有客观性的评价指标。根据市场调查，可以明确目前需求的人才主要集中在运营、美工、客服、技术四个方向。学校应当明确这一点，并将其作为最终的成果来进行 OBE 划分，构建出一套

完整的培养方案。同时，还需要将所有的课程中的知识点与能力相关联，就能明确知识的具体运用，这样在阶段性的学习上就可以取得更好的效果。

## （二）以能力培养为主线，构建人才培养体系

基于 OBE 理念的培养方案，其中的所有环节都需要与成果的实现有直接关联，这是核心理念的一种体现。应用型人才培养体系应当划分为课堂体系和学生自我成才体系。两种体系的内容上是完全不同的，但是目标是一致的，所以效用在一定程度上有重叠。二者都是以培养为目的，功能上是独立的，各自有不同的作用。在目标上，二者是一致的，是一种协同关系。因此，要以能力需要达到的水平作为目标，将 OBE 理念融入其中，构成一套具有特色且效果显著的培养体系。构建体系的前提是要以 OBE 内涵作为核心，要更多地关注市场动态，让人才可以满足岗位要求。这就对实践提出了更多要求，并实现"教、学、做"一体化。

可以实施的措施有很多，比较有效的有以下几点：创建网上平台进行实践教学，还可以以此为介质来进行知识的传输；为学生提供更多参加相关比赛的机会，并给予最专业的指导，使他们可以在此过程中有所提高；推动共同学习，让学生们之间成立互帮互助小组，并以此为单位来进行学习，这样可以让他们逐渐形成合作意识，适应日后的岗位工作。

## （三）遵从"从最终的结果反向设计"原则，重构教学内容

课程教学是人才培养体系实施的关键，是实现专业知识的学习及大学生能力、素质的培养的主要载体。为了达到更好的效果，就必须做好课程规划。OBE 内涵强调，所有的学生都可以成功，但必须为其提供最适合的教学。这是一种明确的因果关系，在教学中的经验也在不断印证这一点。因此，课程教学必须与时俱进，同时也要根据学生的情况来设计。只有如此，才能实现应用型人才的输出。电子商务专业课程教学中，需要分析和研究教学内容如何重构，并将实践的内容融入其中，从而为应用型人才的培养做好铺垫。OBE 理念是以"学生"为核心的教育观念，教师不断要在课

堂上讲解更多的内容，还要让学生可以完全接受。因此，这要求学生必须主动参与到其中，教师可借助网络平台来分享课程并进行教学。教师应提前布置教学目标，学生们可以提前进行预习，还可以发布一些相关的内容在网络平台上供给学生们自行学习。

### （四）加强基于成果导向的创新创业教育师资队伍建设

基于 OBE 理念，为了使学生能够达成预期学习成果，帮助学生发展知识、技能和个性成为教师的主要任务，教师队伍的质量决定了课程教学的成效。我国电子商务行业和创新创业教育起步都较晚，大部分电子商务专业的教师都是学习企业管理或信息管理，虽然学历层次高，但是从来没有从事过电商行业的工作，也没有进行过社会创业实践，对创新创业特点的认识含混不清。为此，建设一支具有较高理论知识和丰富实践经验的创新创业教育教师队伍，是应用型本科院校转型发展急需解决的实际问题。为此，可通过内培外引，为创业师资提供学术交流机会，调动教师创新积极性，学习最前沿的电子商务理论知识。另外，加强教师与企业间的合作，为给学生创业提供更加有针对性的指导，支持具有创新创业潜质的教师从事创业实践活动，积累创业经验。

### （五）构建以课程目标为达成度的课程评价体系

基于 OBE 理念，应改变传统的以试卷为主的课程考核方式，围绕培养目标建立形成性评估与终结性考核相结合的多元评价指标体系，综合考察学生的知识、能力和态度三个层面。为全面掌握学生的学习动态，全方位、全过程跟踪评价学生学习成果的达成程度，高校应先进行形成性评估、形成性评估方式的设计注重考核学生各阶段的学习内容、团队合作能力、创新思维能力等方面，可设计多种考核形式，可以包括在线学习成绩、课堂实践成绩和课外拓展成绩。其次才是终结性考核，终结性考核应以期末考试为主，严格以教学大纲为依据进行命题，在阅卷环节，可采用集体流水评卷的教考分离制度。

### （六）构建校内外双循环人才培养质量监控体系

OBE 理念注重课程的实用性和适用性。实用性体现了工作岗位对人才能力的真实需求，适用性则要求课程应当随该需求的变化而及时做出相应的调整。要提高电子商务创新创业人才培养质量，必须要构建校内循环与校外循环相结合的双循环反馈机制，不仅要靠外部机制的引导与督促，还要在高校内部形成并有效运行一套自我评价、自我整改、持续循环的人才培养质量保证体系，通过分析毕业要求的达成度，对所设定的每个学习成果进行统计，采用合理的评估方法分析毕业要求的支撑达成度，评估课程所负责的毕业要求达成情况，以保障课程实施效果，进行课程的持续改进。

# 第二节　双循环新发展格局下的电子商务人才模式探索

## 一、双循环新发展格局对跨境电商业的影响

### （一）促进国际贸易结构优化，激发内循环的发展潜能

　　跨境电商在过去的十年里发展迅猛，为全球许多国家带来了新的发展契机，已成为支撑开放型世界经济发展的重要动能。得益于国内良好的产业基础和政策支持，我国跨境电商交易额稳居全球第一。在新发展阶段，优化国际贸易结构对于巩固我国在国际大循环中的贸易地位、激发国内循环的发展潜能至关重要。然而，我国跨境电商与传统国际贸易一脉相承，跨境电商出口比重远高于进口，长期忽视国内消费市场。通过扩大跨境电商进口，满足国内多样化的跨境购物需求，促使消费观念和意识的转变，从而扩大消费需求，使国内市场焕发新活力，继而进一步增加对国外中间品和消费品的需求，以促使国内制造业直面更加激烈的全球产业链竞争，推动国内供给质量与效率的整体提高，提升内循环的水平。同时，跨境电商进口比重的持续提高可进一步优化国际贸易结构、促进多边贸易繁荣、缓解贸易失衡、降低贸易摩擦风险，从而形成以内循环为主导，内外循环相互促进的良性发展格局。

### （二）推动制造业转型升级，提升参与外循环的能力

　　双循环新发展格局下，我国制造业向产业链终端、价值链高端

转移发展。跨境电商有助于促使外贸生产商向外贸供应商转变，由价值实现向价值提升定位转变。通过跨境电商平台和技术赋能，促使产品、营销、渠道、物流等全要素、全过程转型升级，可提升国内制造业参与外循环的能力。一是生产制造理念升级，由大批量生产转为柔性化、小批量、定制化生产。利用大数据、人工智能等技术加大定制化生产的研发力度，增加产品附加值，逐步迈向产业链中高端。二是营销方式由单一转向全网营销，利用移动社交媒体、云展会、视频营销、直播电商等新型模式渗透国内外市场，注重品牌建设与维护。三是销售渠道去中间商化，转为端到端的直营模式。应用云计算、区块链等技术提高企业售前、售中及售后直接服务海外消费者的能力。尊重消费国风土人情及宗教信仰等文化差异，重视消费者的购物体验反馈，树立海外市场口碑。四是物流由境内发货转为海外仓发货，降低企业成本，加快物流时效，保障交货及时、安全。五是跨境电商的合规化发展，将推动国内跨境电商企业建设独立站、探索本土化运营等方式参与国际市场。

## 二、双循环新发展格局下跨境电商人才培养的新变化

### （一）跨境电商对人才的新需求

传统外贸数字化转型过程中催生了跨境电商业务类、平台运营类、供应链管理类等职业岗位群。随着大数据、人工智能、虚拟现实等先进技术在跨境电商领域的深度应用，电商主播、数据挖掘与分析师、视觉营销专员等新岗位层出不穷。跨境电商产业年轻但发展迅猛，不仅人才数量紧缺，而且存在人才培养与岗位匹配失衡的结构性问题。据不完全统计，2020年我国跨境电商人才缺口超过600万，且以每年10%以上的增速扩大，其中复合型的销售与运营人才特别紧缺。2021年第一季度，跨境电商运营人才需求同比增长200%，其中广东省跨境电商运营招聘需求占全国的50%以上。跨境电商企业对人才的学历要求比较理性，其中高职学历岗位缺口占70%左右，企业更加看重跨境电商实操与综合能力。双循环新

发展格局下，跨境电商业数字化、智能化、本土化特征渐趋明显，跨境电商新旧岗位更替加快，单一的岗位能力难以满足产业发展需求，亟需培养具有创新思维的复合型跨境电商人才。

## （二）跨境电商人才培养面临的新挑战

跨境电商领域数智化升级给人才培养带来了巨大挑战，高职跨境电商人才培养主要面临"高、新、浅"三大难题。"高"是指跨境电商业对人才质量的要求高，不仅要掌握电子商务、市场营销、供应链管理、物流等跨专业知识，具备外语、平台运营、供应链管理、海外仓运营等复合应用能力，还要具有国际化视野、数据思维、创新意识与创业能力等综合素养。"新"是指跨境电商专业新，缺少专业建设经验。高职跨境电商专业刚设立不足两年，人才培养定位尚不清晰、与区域产业契合度不高，各高职院校跨境电商人才培养模式大同小异，鲜见区域人才培养特色。课程体系设置缺乏逻辑、实践教学环节薄弱、教学资源较为匮乏、教学保障无法到位，导致人才培养质量普遍不高，难以满足跨境电商业的用人需求。"浅"是指校企合作程度较浅，尚未形成稳定、深度的校企协同育人机制。复合型跨境电商实战人才培养目标仅靠学校这一单一育人主体无法实现，必须通过引入电商平台与企业项目，创设真实的学徒环境，加强企业导师与学生双向互动的协同育人方式才能实现。但由于专业服务能力不足、共育的人才留存率不高，企业不敢冒险过多投入与学校共建生产性实训基地，更不敢深度介入跨境电商人才培养的全过程。

## （三）跨境电商人才培养的新规格

在新发展阶段，高职跨境电商人才培养目标应从单一操作型转为培养熟悉物流网、大数据、人工智能等新技术新工具，具有一定的国际视野和创新思维的复合型高素质跨境电商技术技能劳动者。一是在素质维度，除了具有爱岗敬业、诚实守信等道德素养外，还应具有更开阔的国际视野和更高的政治觉悟，自觉维护中国制造品牌形象、传播我国优秀传统文化；具备数据搜索、挖掘、分析等信息化素养及维护客户、企业及国家信息安全的网络安全意识；具有技术学习、迁移以及创新应用的能力，以应对跨境电商业日新月异的变化。二是在知识维度，除了要求掌握外语、电商、物流等跨学科、多专业交叉复合知识外，还应熟悉跨境电商全网营销、海外仓电商、企业独立站运营等代表跨境电商发展方向领域的新知识。三是在技能维度，除了要求能够熟练运用外语技能从事跨境电商业务操作外，还应具备运营企业独立站、网络营销与推广等业务全流程操作和优化的能力；具备项目分析与管理、发现与解决问题的能力，帮助跨境电商企业开拓新兴市场，扩大市场份额；具有一定的信息处理能力，善用新工具挖掘、分析、处理数据。

## 三、双循环新发展格局下跨境电商人才培养的路径

### （一）实施"岗课证赛创"模式综合育人，提升跨境电商人才培养内涵

形成以立德树人为根本、以行业需求为导向、以学习者为中心、以能力提升为牵引、立足于学生终身发展的跨境电商人才培养思路，构建"岗课证赛创"综合育人模式。从专业人才培养的设计层面来说，"课"代表课程体系，即学生在专业层面所需学习的全部知识；"岗"代表岗位群的要求和标准，是"课"设置的逻辑起点和依据，由"课"优化和引领；"证"代表职业考证，是对"课"的补充、强化和拓展，检验专业人才培养的质量；"赛"代表职业技能大赛，由高质量的"课"产出成就感，从而激发学生对"课"的兴趣和认可；"创"代表"双创"教育，"课创"融合着眼于学生未来和终身发展。从微观的教学层面来讲，"课"是具体的专业课程，是课程改革的核心；"岗"代表岗位任务和标准，是课程学习内容的标准；"证"是学习评价标准，代表各类具体的职业资格证书、鉴定证书或等级证书；"赛"是课程教学的展示，具体指各类比赛。"岗课证"融合旨在培养学生的岗位核心能力，"赛课创"融合重在提升学生的综合素养。"课"作为载体或媒介，推动"岗证赛创"融于一体，形成科学、系统的人才培养模式。

在双循环新发展格局下，高职院校推动"岗课证赛创"融通，

探寻专业升级路径，提升跨境电商人才培养内涵。一是基于需求分析，确定"岗课"融合路径。通过问卷调查、企业访谈等方式进行行业人才需求调研，掌握跨境电商人才的需求状况，对照国内标杆专业，明确专业定位与培养规格。同时，从跨境电商岗位的实践性出发，明晰跨境电商岗位群所要求的知识、技能与素养，构建跨专业交叉融合的模块化课程体系。二是对接行业标准，加强课证融通。在课程中融入行业龙头企业与国内跨境电商标杆专业开发的"1＋X"跨境电商 B2B 或 B2C 数据运营、跨境电商海外营销、跨境电子商务多平台运营等职业技能等级证书认证标准，不断迭代教学内容。三是基于提升学生的核心素养推动课赛融通。从专业层面做好课程与"互联网＋国际贸易"综合技能大赛、全国跨境电商创新创业能力大赛、高职英语口语大赛等比赛项目对接，将大赛考核内容融入课程内容，实施以赛代考、以赛免修评价方式。设置校级—省级—国家级三级选拔培养机制，兼顾普惠与效益，提升人才培养质量的整体水平。四是服务学生的未来发展，注重课创融合。把"双创"教育融入专业学习的全过程，系统设置创新思维通识教育、创业实务课程及企业跨境电商创业孵化项目实践。五是重视思政教育与劳动教育，培养德技双修的劳动者和社会主义接班人。六是伴随教育政策的调整、新业态新模式的涌现、新技术新工具的应用，充分利用信息化技术，创新教学模式与学习方式，改革教学评价，为学生提供多元成才路径。此外，跨境电商人才培养模式还需根据产业发展变化动态调整。

## （二）融入产业新要素，构建校企耦合育人机制

学校围绕优势与专业在跨境电商产业链上的定位与分工，面向区域跨境电商产业发展特点，聚焦制造企业数字化转型遇到的发展瓶颈，与政府、行业协会、产业园区、企业等多元主体开展产教融合、校企深度合作。学校在利用和整合资源过程中应发挥主导作用，通过找准各方主要利益诉求，形成校企协同育人的利益耦合机制，打造跨境电商人才培养共同体。第一，学校应主动作为，以自身的人力、智力等资源优势置换各方的专有资源，积极谋求多方合

作。第二，地方政府出台产教融合相关激励政策，在资金及用地等方面给予校企合作企业切实的财政支持，推动跨境电商产业集聚，提高本地就业率水平。第三，跨境电商行业协会把跨境电商行业前沿知识与能力要求导入学校课程体系，升级教学内容，提高人才培养与产业发展的匹配度，解决行业企业人才紧缺与质量问题。第四，跨境电商龙头企业利用自身运营与管理经验，向学校输出实践教学师资，提供生产性实践教学场所，储备跨境电商人才。把自身打造成为产教融合型企业。第五，制造企业把产品与项目带入学校，给学生提供多品类、多平台的项目运营实践条件，从而降低自身的人力资源与试错成本，储备高素质人才。第六，跨境电商产业园区通过场地、资金及设备等要素投入，参与跨境电商人才培养，一方面满足园区内跨境电商企业人才需求，另一方面提升跨境电商主题园区的品牌效应，吸引更多优质跨境电商企业入驻园区，实现经济效益。

　　学校根据实际情况，创新校企合作模式，打造产教深度融合的共生载体，推动各方专有资源向通用共享资源转变，提升产业与教学资源的共享度，实现人力、资金、技术、场地、管理、数据等产业资源禀赋参与跨境电商人才培养的全过程，提高人才培养的质量，赋能传统外贸转型升级，促进跨境电商业高质量发展。例如，浙江金融职业学院跨境电商专业与行业领军企业阿里巴巴集团共建阿里巴巴数字贸易学院，共同开发了"1＋X"跨境电商B2C数据运营职业技能证书考核标准，引领全国高职跨境电商专业人才培养。东莞职业技术学院利用东莞制造产业集群优势及国家跨境电商综试区的便利政策，与企业开展"校＋企＋企"的合作模式，即学校与产教融合型跨境电商企业及生产型外贸企业协同育人。充分利用跨境电商企业的运营管理经验，引入生产型制造企业的跨境电商真实平台与项目，开展跨境电商订单式人才培养。由学校与跨境电商企业负责人才培养过程管理，把人才输送至生产型外贸企业。在"校＋企＋企"合作模式基础上，校企双方共同开发了"面向学生、教师、社会人士及跨境电商企业，集实习、就业、创业与培训于一体"的跨境电商云平台，打通了跨境电商人才需求与信息供给渠道，满足了本地跨境电商产业生态圈各主体的利益诉求。

## （三）强化项目实战，促进跨境电商人才就业创业

依据行业人才认证标准，以跨境电商"X"证书为引领，将跨境电商新模式、新技术、新规范等行业前沿知识、技能和素养要求纳入实践教学标准与内容。按照"顶层设计、系统规划、突出特色、分类培养"的思路构建实战项目教学体系。"顶层设计"要求实战项目来源于区域支柱或特色产业，找准行业领军企业或产教融合型企业深度合作，保障实战项目的稳定性和代表性。"系统规划"要求实战项目教学安排要弄清楚何时开展项目、由谁开展项目、开展什么项目，保障实战项目开展的合理性和持续性。"突出特色"要求实战项目内容或形式能够代表区域跨境电商发展特色，与同类院校的跨境电商实战项目有一定的差异性。例如，"丝路电商"快速发展，对小语种直播人才需求旺盛。位于丝绸之路经济带沿线地区的西安、兰州等地高职院校跨境电商专业可开展小语种直播项目实战，突出区域人才培养特色。"分类培养"主要针对学生的兴趣、能力与职业发展规划进行分方向、分层次的实战能力培养。校企双方通过共同开发跨境电商平台、共同建设校内外产教融合实训基地、共同打造"双师型"教学团队、共同制订人才培养方案与实践教学标准、共同开发新型立体化教学资源、共同实施实践课程教学、共同评价人才培养质量等手段与措施，形成稳定持久的实践教学合作机制。

高职跨境电商专业要根据区域产业发展需求、学校发展定位，结合专业自身特点，构建具有特色的跨境电商实践教学实施路径，强化学生的专业核心能力和职业核心素养。一是通过调研研判本地跨境电商行业的发展趋势及用人需求，明确跨境电商实战人才培养目标。例如，广东省东莞市以生产型外贸企业及亚马逊跨境电商卖家居多，本地高职院校跨境电商专业应设计复合型销售运营实战人才的培养目标。二是与跨境电商园区、产教融合型跨境电商企业或优质外贸企业共建校内外产教融合实训基地，配备直播设备，引入

亚马逊、阿里巴巴国际站、企业独立站等多平台真实项目，创建电商企业文化，为学生构建真实的学徒环境。三是系统规划"专业认知—仿真实训—项目实战—顶岗实习"能力递进的实践教学环节，明确校企双方在各阶段的育人职责，发挥学校教师的理论教学优势与企业导师的实操指导优势。在第一、二学期，开展专业认知实践与外语技能综合实训；在第三学期，开展跨境电商创业沙盘及进出口业务流程演练；在第四学期，进入跨境电商实战阶段，企业导师指导学生使用阿里巴巴国际站、亚马逊真实平台账号，进行选品、营销推广、订单跟进等真实业务操作；在第五学期，以工作室的方式进行项目实践教学分流，学生自主选择参与跨境电商直播、短视频开发、新媒体营销、创业孵化等项目；在第六学期，学生到校企合作企业顶岗实习或参与创业项目，实践跨境电商综合技能。

双循环新发展格局下，跨境电商业可持续、高质量的发展需要具有创新思维的复合型高素质技术技能人才作为支撑。高职跨境电商专业人才培养应服务国家重大战略需求，顺应产业数智化发展趋势，利用新技术新工具升级专业内涵，通过产教融合、校企合作打造跨境电商人才培养共同体，实施"岗课证赛创"综合育人，强化跨境电商项目实战，提高人才培养的适应性，增强学生的岗位胜任力，提升人才培养质量，为传统外贸转型升级及"中国创造"品牌出海赋能。

# 第三节　乡村振兴背景下的人才培养模式探索

2018年9月，中共中央、国务院印发了《乡村振兴战略规划（2018—2022年）》（以下简称《战略规划》）。这是我国出台的第一部全面推进乡村振兴战略的五年规划，是统筹谋划和科学推进乡村振兴的行动纲领。农村电子商务是推进农村一二三产业融合发展、实现农业现代化、促进农民增收的重要手段，也是推进乡村振兴战略实施的重要途径。想要充分发挥农村电子商务在乡村振兴中的作用，农村电子商务人才是不可或缺的要素。

# 一、乡村振兴战略对农村电子商务人才的需求分析

## （一）农村电子商务人才类型需求

**1. 农村电子商务领军人才**　作为新兴的农村电子商务，需要领军人物带动其发展。农村电子商务领军人物需具备高度的使命感，能够正确理解国家的大政方针，深刻领会其精髓；需对电子商务行业在一定高度上有认识和了解，并能充分运用电子商务优势和特点助推乡村振兴战略的实现。

**2. 农村电子商务运营人才**　《战略规划》明确提出，把打好精准脱贫攻坚战作为实施乡村振兴战略的优先任务，推动脱贫攻坚与乡村振兴有机结合、相互促进，确保到 2020 年我国现行标准下农村贫困人口实现脱贫，贫困县全部摘帽，解决区域性整体贫困。农村电子商务作为一种精准扶贫的形式，已经得到推广和应用，初步取得成效。要顺利完成脱贫攻坚目标，还需要在农村电子商务运营方面进行加强，即从实际情况出发，从农产品的市场调研、定位、管理分类、开发规划、运营策划、管控、数据分析、分析执行及跟进等方面展开系列工作，使农产品进入完整的运营体系之中，逐渐占领、扩大市场。农村电子商务运营人才是开展上述工作的基本保障。

**3. 电子商务技术人才**　随着互联网、大数据、云计算等科技水平不断发展和成熟，需要对农村市场、农产品用户、农产品、企业价值链乃至对整个商业生态进行重新审视，也就是要善于从互联网应用的角度出发思考问题。在乡村振兴战略实施过程中，运用互联网思维来解决智慧农业工程、农业遥感、物联网等方面存在的问题，农村电子商务技术人才是基本的前提条件。

**4. 农村电子商务创新创业人才**　当前，我国农村发展过程中比较突出的一个问题是农村劳动力人口外流，且留守农民老龄化程度较高，很多村庄活力不足，缺乏创新的环境和氛围。《战略规划》提出了推动乡村大众创业万众创新，同时鼓励农民就地创业、返乡

创业。电子商务为乡村创新创业提供了切实可行的方式，了解农业、熟悉农民、具有乡村情结的从业人员可以把电子商务与农产品、农村特色文化和旅游资源、乡土人情等方面充分结合，开展创新创业活动，为培养新型职业农民打开新的思路，在根本上改变乡村，尤其是贫困地区的人才结构。

**5. 电子商务项目策划管理人才**　乡村振兴战略的实施，需要壮大特色优势产业、培育提升农业品牌。电子商务项目策划管理人应从市场调研入手，根据产品未来的发展趋势，结合当地乡村拥有的资源禀赋挖掘其市场价值，利用互联网发展特色优势产业，扩大产业影响力和市场份额；从供给侧出发，培育适合市场需求的农业品牌，通过电子商务进行塑造、推广、营销，提高农业产品的竞争力和附加值。

**6. 农村电子商务服务人才**　农村电子商务服务是指伴随农村电子商务的发展而派生出的专门为农村电子商务活动提供服务的服务行业体系，主要包括涉农电子商务平台服务业、农村电子商务代运营服务业、农村电子商务物流服务业、农村电子商务信用服务业、农村电子商务咨询服务业、农村电子商务教育培训服务业、农村电子商务数据基础服务业、农村电子商务金融服务业等。服务于乡村振兴战略的农村电子商务，离不开上述服务体系的支撑和辅助。因此，农村电子商务服务人才是促进电子商务发展的需要，也是乡村振兴战略的需要。

**7. 农产品跨境电子商务人才**　我国是农业大国，农产品国际贸易的地位日趋重要。"一带一路"倡议为实施特色优势农产品出口提升行动、扩大高附加值农产品出口提供了难得的机遇。以吉林省为例，发展农产品跨境电子商务，是加强与"一带一路"沿线国家合作的重要途径，对乡村振兴有着积极的促进作用。面对目前的发展机会，亟需具有国际视野的农产品跨境电子商务人才。

**（二）农村电子商务人才数量需求**

**1. 需求量较大**　近年来，在我国各级政府的大力扶持下，农村电子商务得到了快速发展。电子商务研究中心监测数据显示：截至 2017 年底，农村网店约 965.8 万家，淘宝村 2 118 个，淘宝村开设的活跃网店数量超过 49 万个。2018 年底，我国农村网民占比为 26.7%，规模为 2.22 亿；农村网络零售额达 1.37 万亿元，同比增长 30.4%，其中农村实物类产品零售额 7 826.6 亿元，同比增长 35.1%。因此，需要大量的电商人才以满足农村电子商务发展的需要。

**2. 需求增速较快**　目前，与农村电子商务相关的企业规模有限，多为小微企业。互联网招聘平台 BOSS 直聘发布的《生态革命：智慧电商时代的人才趋势》中指出：电子商务行业人才需求保持高速增长，3 年复合增长率超过 35%，2018 年前三季度同比增长 38%，而百人以下小微电商企业的人才需求占比高达 58%，较 2017 年同期增加 2.3 个百分点；人才需求量同比增加 139.6%；2018 年二三线城市小微电商企业招聘需求同比增长 63.4%，较一线城市增速高出 1 倍以上。

## 二、农村电子商务人才供给分析

数据显示，2018 年电子商务服务企业直接从业人员（含电商平台、创业公司、服务商、电商卖家等）有 330 多万人。而这些人员大多集中在北京（10.2%）、杭州（9.6%）、深圳（9.3%）、广州（8.1%）、上海（8.0%）等电子商务较为发达的城市，分布在中小城市的电商人才很少，县级及村镇地区则更少。阿里研究院的《县域电子商务人才研究微报告》显示，未来农村电商人才缺口将达到 200 万人以上，目前的发展水平远不能满足农村电子商务发展的需求。总体来看，城市，尤其是电子商务比较发达的大型城市拥有数量较多的电子商务人才，农村电子商务人才存量较少，供给严重不足。

### （一）农村电子商务技能型人才短缺

农村电子商务是双向的服务，一方面是指将农产品通过互联网销售出去，另一方面是指农民可以通过这个渠道获得所需要的生活服务、农业生产资料和生活日用品，实现服务到村。相比传统的电子商务，农村电子商务主要面向农民、农村、农业。从现有情况看，乡村里的农村电子商务从业者多数由农民身份转型，熟悉农产品但不擅长电商运营、店铺美工、网络营销、信息技术维护等方面的工作；而由中高等院校培养的电子商务人才，虽了解电子商务技能，但大多不熟悉农民、农产品、农村情况，既了解农产品特点又掌握电商操作的技能型人才供给严重不足。

### （二）高端复合型人才较少

农村电子商务起步较晚，主要以在第三方电商平台开设网店销售当地土特产、农副产品为主（即 C2C）。网上销售农产品是电子商务应用的一种简单表现形式，电子商务的应用尚未得到拓展，与农业产业融合还需要进一步加深。这种情况下，需要能把电子商务与农业产业高度融合并能起带动作用的领军人物出现。目前，电商基础层面的人才（如客服等）尚可以在短时间内通过某些途径得到一定的缓解，但高层次、复合型农村电商人才紧缺，从某种程度上制约着农村电商的发展进程。

### （三）农村网络创新创业人才不足

网络创业是指利用互联网而进行的创业活动，常见的创业方式为利用第三方电子商务平台开设网店或自建平台进行经营。就目前农村而言，采用网络创业的人数较少，多以开设网店经营自产的农特产品为主，但能够持续经营并获得盈利者并不多。如吉林省通化、延边一些村镇，当地农产品的网上销售虽有一定规模，但农民的参与程度不高，个别地方的网上创业人数不及当地人口的 1%；网售的农产品在包装、品牌、创意等方面不够完善，经营方面的创新性有待加强。

### （四）农产品跨境电子商务人才稀缺

跨境电子商务是农产品通过电子商务平台进入国际市场的新型方式，随着"一带一路"倡议的不断推进，农产品跨境电子商务具有更为广阔的前景，具有国际视野的农产品跨境电子商务人才不可或缺。但和传统内贸电商一样，跨境电商的人才缺乏也比较严重。

### （五）高学历人才供给量较少

据调查，2017 年中职电商人才供给量约为 40 万人，需求量仅为 20 万人左右，中职电商人才培养供大于求；高职电商人才供给量约为 18 万人，而需求量 129 万人，供不应求；约 55% 的企业要求电子商务从业人员具有本科及以上学历。但目前中职学校是电商人才培养的主要渠道，培养目标大多在电商企业或网店从事操作岗位，受专业教育程度较低，对电子商务发展的理解和应用存在着一定的局限性。

# 三、农村电子商务人才培养现状、存在的问题及原因分析

## （一）人才培养现状

就全国范围而言，农村电子商务发展水平不均衡，对人才的培养尚没有统一的模式，但存在着共性问题。一是以政府及社会力量举办的短期培训为主。为加快农村电子商务人才队伍的建设，各级政府、相关部门、涉农协会及社会其他培训机构等作为组织者，聘请高校教师、电子商务业内人士对当地从事农村电子商务人员、种植大户、养殖大户、农村专业合作社员和普通农民等群体进行培训，地点多集中在政府部门、学校等场所。对农村电子商务开展的通常是短期培训，主要利用农闲时间，根据培训内容不同确定培训时间。既有为期几天的培训，也有 1 个月左右的培训，多以 1 周时间为主。如吉林省团委举办的"2018 年首届吉林省青年农村电商人才训练营"、由贵阳市供销社主办的"贵阳市供销社 2018 年农村电商能人培训班"、河南省科协组织的"2018 年农村电商技能人才培训"等。二是根据培训对象不同，培训内容有所不同。初级培训班较为普遍，通常以普及性的专业知识为主，如电子商务基础知识、网络店铺开设流程及基本的运营技能等；中高级班内容比较丰富，既有专业知识技能提升，也有对农村电子商务的宏观解读。三是培训方式主要以集中面授为主，以传统的讲座形式进行培训的居多，也有网络授课、通过在线学习完成培训的。

## （二）人才培养存在的问题及原因

**1. 存在问题**　通过各种形式的学习和训练，各地培养了一批

适应农村电子商务发展的电商人才，在一定程度上促进了农村电商的发展。由于各种因素的影响，农村电子商务人才培养还存在着很多不足：一是培养规格与层次较低。从现有情况看，对农村电子商务人才进行短期培训较为普遍，培训内容以工业品电商知识、技能为主，培训对象大多为当地文化程度较低、年龄偏大的农民，属于初级的浅层次的培养。二是实践训练不够充分。从培训机构规划的培训内容看，以工业品电商知识作为培训内容的较多，农产品电商知识专门的培训较少；电商知识的讲授主要针对电商平台的使用方法，在农村电商运营中所需的客服、设计、美工、推广等方面的训练不够充分，在培训内容、规模及水平等方面均无法满足农村电商的发展要求。三是培训手段单一。政府举办的农村电商培训，一般是把学员集中到当地具备授课条件的地点，以讲座形式进行，学员们以听课为主，动手操作较少，培训方式较为传统。有些授课教师长期在城市中工作于城市，对农村经济、农产品了解不够深入，授课内容较为宽泛，缺乏一定的针对性。四是培训效果不够突出。受培养方式、培训时间、理解能力等多方面因素的影响，有些接受培训的人员并不能完全掌握学习内容，有些知识和技能没有及时得到应用，影响了培训效果。

**2. 原因分析** 一是相对于庞大的农村电子商务市场，培训师资力量严重不足。从师资情况看，目前的电子商务培训讲师主要分为三类：高等院校电子商务专业教师、各类培训机构专职讲师及由电子商务从业人员担任的兼职讲师。这三类教师主要集中在城市，深入农村进行农村电子商务人才培训的人次较少，专职农村电子商务讲师则更少。培训过程中使用的电脑等基本设备并不完备，有的培训甚至没有电脑等学习设备。二是培训对象专业基础较为薄弱。除了一些涉农电商平台、电商公司和少量的大学生外，农村电商的经营主体大多为农户，从业人员的受教育程度整体偏低。三是高等院校参与培养农村电子商务人才的程度较低。多数院校培养的人才更适于传统电子商务，以农村电子商务人才为培养目标的很少，有些院校虽然参与了政府等部门举办的农村电商短期培训项目，但大多限于个别教师的参与，少有整个电子商务专业的深度参与。而且，多数院校并没有把农村电子商务作为专业一个专业方向纳入人才培养体系当中，对农村电子商务人才培养的关注程度还比较低，不能充分发挥高等院校，尤其是一些职业院校、应用型本科院校的作用。

## 四、应用型本科电子商务专业参与农村电子商务人才培养的策略

应用型本科电子商务专业培养农村电子商务人才具有专业知识学习、职业技能训练、综合素质培养方面的优势。《2018 年度中国电子商务人才状况调查报告》中提出了电商人才应具备的 16 项素质，其中最重要的 6 项素质为学习能力、工作执行能力、行业敏锐度与创新能力、专业知识和技能、责任心和敬业度、团队协同合作能力。应用型院校能够较好地满足上述人才的培养需求。以某校的本科电子商务专业为例，该专业培养的是具有经济学、电子商务、信息技术等方面的基础知识，掌握网络营销、电子商务运营等方面的技能，具备一定的网络创新创业素质，能够在各类组织从事电子商务运营、应用、管理、技术支持等工作的经济类复合型、应用型、创新型人才。该校不仅拥有电子商务专业，还有与之相关的物流管理专业、国际贸易专业、投资专业等，在人才培养上构成了相互支撑、相互配合的立体化、较为完善的学科体系，使学生能够接受更全面的教育和锻炼，更有利于人才综合素质结构的合理化，更能适应电子商务行业的发展。因此，各地应充分发挥应用型本科电子商务专业的功能与优势，培养高素质农村电子商务人才。

### （一）政策支持

政府决策部门、教育管理部门、高校应联合制定鼓励农村电子商务人才培养政策，在资金、招生就业等方面予以一定的优惠政策，以便吸引更多的优秀农村电子商务人才。

### （二）完善农村电子商务人才培养机制

应用型高等院校作为农村电子商务人才培养的主要阵地，在在

充分调研的基础上，不断完善农村电子商务人才培养机制。

**1. 明确人才培养目标** 农村电子商务的业务范围决定其具有较强的涉农特性，而多数应用型本科院校的人才培养目标通常是针对传统电子商务而制定的。因此，培养农村电子商务人才，首先需要高校自身充分认识、高度重视，在人才培养方案制定过程中根据实际专业设置情况和办学条件，关注农村电子商务人才的培养并积极参与其中，明确人才培养目标。

**2. 科学规划专业课程体系** 针对农村电子商务人才的培养，既要有传统意义上的电子商务课程，又要加强与农村、农业、农产品相关的理论和基础知识的讲授且两者之间不能是简单的组合、叠加，要根据电子商务教学质量国家标准，结合农村电子商务的特点，制订完善、科学的农村电子商务专业课程体系。课程体系以农村电商就业岗位为导向、以强化职业能力为核心的原则，实行农村电子商务人才的一站式培养。根据人才培养目标和课程体系，开发能够突出农村电子商务专业特点的核心课程，如"农产品网络营销""农产品网页设计"等，更好地满足人才培养的需要。

**3. 构建"校企村合作"人才培养模式**

（1）"校企合作"模式。一是"引进来"。与涉农电子商务企业、电子商务平台、网店等建立合作关系，在条件成熟的情况下，把农村电商企业引进学校，以完成电商企业项目或工作任务的形式，使专业课程与企业实际业务联系起来；聘请优秀农村电商企业经营者作为特聘教师，参与专业课程的教学工作、指导学科竞赛项目。二是"走出去"。选派教师到发展较好的农村电子商务企业挂职锻炼，提升教师的专业技能；安排学生到农村电子商务企业开展实习实训任务，使学生熟悉业务流程，了解相关岗位要求。

（2）"校村合作"模式。一是教师走进乡村。高校组织电子商务及相关专业教师、专家学者深入农村开展调研，指导当地广泛开展各种形式的农村电子商务活动；帮助农民正确认识电子商务，普及电子商务知识与操作。二是学生走进乡村。带领学生走进农村，体验农村生活，加强电子商务专业学生对农村电子商务的认识和理解，引导其从事与农村电子商务相关的工作和岗位，为农村电子商务培养人才。

## （三）主动参与农村电子商务人才培训

应用型本科电子商务专业可以与各级政府、相关协会、培训机构等建立广泛的合作关系，发挥高校教学方面的优势，以各种形式参与农村电子商务人才培训。一是参与制订培训方案与内容。应用型院校的电子商务专业可以教授扎实的专业知识和技能，教师们掌握了电子商务前沿理论并可以预测其发展趋势，能够科学地制定农村电子商务培训方案，根据培训对象合理规划培训内容，使农村电商人才能够分享高等优秀的教育资源。二是参与授课。应用型本科院校的电子商务专业，拥有应用能力实践能力较强的师资队伍，教学经验丰富，教学方法灵活，可以承担各种农村电子商务的培训项目。三是指导农民参加农村电子商务活动。在培训之余，专业教师可以深入农户当中进行具体指导。从基本的网上购物、网上开店到农产品网络营销策划、推广，到农村电商项目的整体运营，从各个环节上现场讲解，提升培训效果。

## （四）优化电子商务人才培养系统

**1. 把握中职电子商务人才培养系统的整体性** 系统是相互联系、相互制约的。在实际培养过程中，应结合乡村振兴战略环境，把握中职电子商务人才培养系统的整体性，建立一套"实践为主，理论为辅"的教学管理模式。我们应当从整体的角度，考虑中职教育在乡村振兴战略中的意义和地位，建立一套"实践为主，理论为辅"的教学管理模式，以此来优化中职电子商务人才培养系统。

考虑到中职教育的目标是就业，为助推乡村振兴目标的最终实现，培养出适应农村电商发展的技能型人才，中职电商专业课程的实践教学应提前开展，贯穿教学始终，打破传统以理论知识为主的教学模式，改革为以实践为主的教学模式。中职的电子商务人才培养应注重过程性实践培养，具体可从以下几点进行考虑：

（1）坚持"以学生为本"的现代教育教学理念基础，充分考虑中职院校的学生基础知识比较薄弱，学习能力和积极性相对较差等特点，从机制上激发学生对发展农村电商的兴趣，全面调动学生学习的主动性、积极性。

（2）充分尊重学生的兴趣和特长，让学生积极主动地将时间投入到更多的实践当中去。

（3）政府应加大对中职学校学生的资助和实践教学的投入，学校应多方筹资办学，保证实践基地的资金投入，建立更多更加实用的校内外实践基地。

（4）高校可以加大开发和应用虚拟平台系统，按照生产经营流程改造校内实训基地，同时对校内实训基地实施升级改造工程，使校内的实训基地达到与农村生产实际相对接，营造真实的实习实训环境。

（5）在日常教学工作中提高实训实践的比例，大力改善实训条件，增加或充实实训工位。校外实践活动中，可以和农村电商龙头企业共建实践基地，进行企业随访，为学生提供更多实践的机会和更为真实的实践场景。

（6）教材方面应增加涉及"三农"的理论教材，提高学生对"三农"的了解程度，并不断将"乡村振兴"思想融入理论教学当中。

以上措施可以让学生真正了解并掌握农村、农业、农民的真实情况和农村电商的整个流程，鼓励多频次、高质量的小班制实践教学形式，确保学生专业技能的得到实践锻炼与提升，从而不断提高教学质量和人才培养质量，助力于全面推进乡村振兴。

**2. 明确中职电子商务人才培养系统的目的性** 系统目的是系统进行优化的标杆和导向。在实际培养过程中，应明确中职电子商务人才培养系统的目的性，以培养技能型人才为目标，增加涉农专业和课程。

自乡村振兴战略提出以来，农村经济发展虽日新月异，但仍然存在许多短板制约了农村经济和电商的发展，如技能型人才的缺失始终是制约农村发展的重要因素，因此，中职教育应以培养技能型人才为目标，同时为促进"三农"问题的解决，还要增设一些涉农专业和课程，这些专业课程要结合农村电商的发展，并融入乡村振兴战略思想，让学生对农业、农村、农民有更多的了解，助力乡村振兴目标的最终实现。

目前农村电商的主力是中小型企业，这些企业大多需要运营、美工、营销推广等方面的技能型人才。随着互联网信息科技的发展，农村电商的发展也受到了越来越多技术上的支持。为了助推乡村振兴战略目标的实现，中职院校应结合农村电商的特点以及政策导向的支持，找准人才培养的分目标，让学生毕业之后可以成为具有一技之长的人才，尤其是适应农村电商发展的技能型人才。为此，学校可从以下几点出发：

（1）将传统的信息类专业、经管类专业和电子商务专业的知识进行统筹整合，结合学校及专业特色与农村电商中小企业进行校企合作。

（2）课程教学方面如教学内容、教学模式、实践教学等方面同样需要做出改革创新，将提高学生实践能力落到实处。

（3）新增的涉农专业课程应因地制宜，坚持就近原则，充分考虑本地区实际情况（如特色农业）有针对性地设计课程教学的重难点。课程建设方面，优化课程结构，合理划分基础课程与专业课程的比例。

（4）基础课程应侧重电商专业的基本理论知识和基本技能，专业课程应对应具体的岗位要求更加细化专业方向，为学生传授更加详细明确的理论知识和专业技能。既要专注中职电子商务专业学生的专业技能和综合素质的提高，也要不断提高学校自身的专业优势、凸显专业特点，鼓励并助力学生回乡创业，为学生争取更多就业机会。

**3. 保持中职电子商务人才系统的适度稳定性**　系统在与外界的"交流"过程中，并非一成不变，系统具有修复问题和解决困难的"能力"，这种"能力"使得系统可以在发展的过程中保持一种平衡，即所谓的稳定性。

在实际培养过程中，应维护中职电子商务人才培养系统的稳定性，注重教学效果的反馈，鼓励学生到农村就业创业。乡村振兴战略背景下中职电子商务人才培养体系不断与外部政策、经济、文化环境之间互相进行"交换"，系统要维持自身的稳定性，需要注重内部教学效果的反馈结果，根据结果不断调整人才培养系统和培养模式，从而保证人才培养体系的始终稳定。

受乡村振兴战略的影响，中职院校担负起培养农村电商人才的重要任务，培养主体通过一系列的机制、体系、资源等方面的努力，最终通过学生的专业素质与综合素质、就业情况、获得专业资格证书情况和升学情况等反映教学效果，同时也对人才培养体系的优化效果产生重要的影响。因此，中职电子商务人才培养的教学效果同样不可忽视，尤其是学生的专业素质和综合素质、到农村的就业情况。农村电商技能型人才的缺失，再加上中职学校的培养目标指向就业的这一特点，决定了就业情况对中职电商培养人才的指标性意义。中职院校应普及乡村振兴战略和毕业生乡村就业创业等相关政策和信息，并将其纳入就业指导相关的课程中，全方位地向学生宣讲农村电商发展、人才招聘的有关消息、动态，引导学生对"三农"有正确且全面的认知。邀请已经毕业并返乡就业创业的学子到现场讲授经验和感受，帮助中职学生打开眼界，认识到农村是一片大有可为的广阔天地；组织学生到现有的发展比较成熟的以及待开发的农村参观学习、实践锻炼，给予他们参与振兴乡村的激情和灵感，引导学生在选择就业时真正愿意到农村去发展，用所学知识去创造美丽乡村。

**4. 中职电子商务人才培养系统的自组织** 在实际培养中，不可忽视中职电子商务人才培养系统的自组织，加快"双师型"师资队伍的建设。系统往往会快速发现外部环境的变化，并迅速对外界的变化做出调整以适应变化，保证自身的发展不断接近最优状态。师资水平作为中职电商人才培养体系中的重要组成部分之一，对培养乡村振兴战略下技能型人才具有重要的意义。因此，农村电商的发展、中职教育的改革和技能型人才的培养，都得益于师资水平的整体提高。中职电商专职教师除了应具备教育教学能力，专业技能能力也必不可少。只有"双师型"教师队伍越来越强大，才能更好地推进"理想现实一体化"教学。

目前，我国职校教师的来源主要有以下三种：一是高校的毕业生。这类教师或具有较强的教育教学能力但欠缺专业技能能力，或专业知识强但却在教育教学技能方面有所欠缺。二是从企业中招聘的教师，他们在专业技能及竞赛上的能力毋庸置疑，但在教育教学能力上则稍显力不从心。三是部分校内调岗或转专业的教师。这部分教师因为有多年的教学经验，教学基本功方面毋庸置疑。但专业领域方面的知识和技能则因为是调岗或转专业过来的，对调岗后的专业领域其实掌握的并不深刻。"双师型"教师队伍的建设需要根据不同类型不同情况采取不同措施，具体可从以下几个方面考虑。

（1）针对第一类教师（即高校毕业生），学校可为他们创造到电商企业进行至少为期半年的挂职锻炼机会。

（2）为第二类教师（即企业外聘的教师）和第三类教师（转专业的教师）进行电商专业的理论知识培训。

（3）为第二类教师（即企业外聘的教师）进行中职教育教学方法等方面的培训。通过鼓励教师带领学生到农村电商企业参观实际工作的方式，帮助教师把握乡村振兴战略下农村电商发生的时事，保持对农村电商发展的敏感度。

（4）应充分利用社会和企业教育资源，从农村邀请电商龙头企业的中高管理层到学校进行实操指导或任职，积极推动依托产学村合作的电商企业建立兼职教师队伍，使教学实用性更强。

（5）对在职教师进行寒暑假集中性的或平时阶段性的学历教育培养。不断为学校在职教师提供更多学历提升的机会和渠道，使教师在培养学生的过程中也可以不断自我提升，从源头改善教师的师资水平，进而壮大师资队伍力量。一方面，通过继续教育来提高中职教师学历，进而提高师资队伍的总体水平。另一方面，通过学历教育，选拔在职教师师资中潜力巨大、德才兼备、充满热情的人作为优秀分子进行培养，使之加速成长，成为专业带头人或骨干教师，或者对已有的专业带头人或骨干教师进行培养，从而解决中职学校专业课教师缺乏的问题，并且充分发挥学科带头人在学校建设中应真正发挥的带头作用。

通过以上做法，提高中职电子商务专业的师资水平，完善中职电子商务专业的师资队伍，提高教学质量，保证中职电子商务人才培养体系的稳定性，使中职电子商务人才培养工作更加稳步前进。

# 第七章

# 新商科背景下中职
# 电子商务专业建设

## 第一节　新商科对中职电子商务专业
## 建设影响因素分析

随着第四次工业革命以及第三次技术革命的到来，"新制造、新零售、新金融、新技术、新能源"的"五新"概念作用于市场经济之后，我国的产业结构已经走上了新的转型升级之路，社会经济发展对传统商科人才培养方向提出了新的要求。产业界和教育界已经将新商科人才培养作为共同话题，一同探讨如何重新定义、优化、创新传统商科人才培养理念、培养模式，适应时代的发展需求。新商科人才培养，具体落到实处，即需要有针对性地优化现有的专业建设方案。以专业建设的四大核心要素，即人才培养目标的确立、专业课程体系的构建、师生教学课程实施、专业评估核心要素为立足点。通过分析新商科引发的经济新业态及教育改革需求对中职电子商务专业建设四大核心要素的影响，探索出可操作、可落实的专业建设优化路径。

### 一、新商科对人才培养目标确立的影响

新商科需要什么样的人才，市场早已给出答案。现代信息技术（互联网大数据，人工智能，物流区块链，云计算等）使商业知识和网络技术相互联系、交融，商科人才在不同行业和不同岗位内的

跨界技能迁移明显加快。通过对未来人才的十种生存技能进行研究，世界未来研究联合会发现了"适应性思维""跨文化能力""跨学科能力"的重要性。现阶段市场经济下，迫切需要的是拥有解决复杂问题的能力、全球化的视野、创新创业的意识、交叉融合的活跃思维、能终身学习得以持续发展等特征的人才。

## （一）企业人才需求趋向复合型人才

随着我国进入"十四五"发展新阶段，在不断加快调整产业升级和经济结构下，各行各业对技术技能人才的需求也越来越紧迫。随着网络时代飞速发展，各种新科技也陆续诞生，涉及信息大数据的新领域也层出不穷，行业更新换代的速度也让人瞠目。随着互联网经济高速增长，越来越多的企业使用传统经济与网络经济相结合的形式生产经营，涌现出大量需要电子商务化的企业，我国电子商务行业的就业形势本应该一片大好。但是，在各类中高等职业学校都积极发展电子商务专业的状况下，人才紧缺的现状却一直未获得缓解，且电子商务专业的失业率达到了惊人的 23.7%。可见人才输出与企业"新"需求之间一直存在偏差。第三方教育数据咨询评估机构——麦可思研究院调查研究得出这样的结论：全国电子商务专业毕业生失业率居高不下的原因为结构性失业。

中职电子商务专业毕业生多服务于中小型企业。这类企业能创造的利润有限，更急迫的需求是降低用人成本，希望能招聘到具有多项电子商务专业及其他关联专业技能的复合型人才。可见未来的电子商务人才必须要适应飞速增长的互联网经济及不断变化的商业模式和产业结构。同时为了做好地方产业服务、加速地方发展，中等职业学校培养的电子商务人才还需要抓紧互联网经济下地方产业产品特点。伴随经济工业时代而形成的传统商科，其教学理念、教学模式、课程体系、人才培养模式等时至今日已经不能适应于"十四五"新时期的经济发展需要了，专业及学科之间的各种壁垒，使得培养跨学科的复合型人才受限。专业教育忽视了和一些新技术、新模式、新思维进行融合，无法为商科教育赋予新能量、起不到促进区域经济发展的作用，按照这样模式下所培养出的人才是和市场严重脱节的。

## （二）注重三大"新"能力的培养

新商科三大"新"能力包括知识复合能力、创新创业能力、终身学习能力，新商科人才的培养要重点满足这三大能力的培养需求。

**1. 知识复合能力**　新商科对于人才培养最大的影响就是强调了人才的复合性。较好的复合性就会带来较强的适应性，只有适应时代的变化，紧跟经济发展趋势才能在不断变化的经济浪潮中站稳脚跟。从 2020 年 1 月新冠疫情暴发至今，实体经济受到极大冲击，在这样严峻的形势下，据调查，有很多店铺无奈关闭，很多企业出现运营危机，在实体产业急于寻求"解药"之时，微信社区营销发展迅猛。为了避免接触传染，国内大部分小区被迫形成一个生活闭环。据数据统计，国内平均一个生活小区有 1.59 个微信或社区营销团体，通过联系实体供应商配货，组建社区微信群来进行分销。对于这样小型的经济团体，甚至是个人的营销平台模式，就需要经营者一专多能，从选品、采购到线上店铺装修、宣传、运营再到配送、客服，甚至售后纠纷处理，都由一个很小的团队甚至一人完成。伴随着网络营销占据我们更多的生活区块，在未来数十年，社会上会有大量微型企业产生，这样一人即一家店、一人即一个公司的运营模式将越来越普遍，一人担任多岗位、履行多职能是必然趋势。新时期对人才的需求定位为复合型，这就需要我们电子商务专业的学生必须掌握多项商务关联技能且有一定的持续学习能力，强调融合思维，能对自身技能进行迭代以适应高速发展的中国互联网经济。

**2. 创新创业能力**　在新商科影响下的移动互联网、大数据及共享经济等新技术与新模式已经悄然改变了人们的学习方式、思维方式，甚至于日常的行为习惯。新商科要求的"新"，也在创新创业能力提升方面，中职学生需要结合新技术和新业态，关注创新创业的需求热点，通过技术渗透和产业融合创新，不断提升创新创业能力才能适应不断更新变化的社会需求，更好地应对各种经济危机。全球性的疫情对经济的短期冲击不可避免，但疫情在给某些行业带来负面影响的同时，也给其他一些行业带来了整合、升级的时机。以史为鉴，2003 年的非典疫情，成为电子商务发展的助推器。在封闭的环境中给当时正处于萌芽期的电商行业极大的成长空间和帮助，用户从被迫到主动地选择了不需要人与人频繁接触的网上购物，造就了"淘宝"等一大批线上销售平台的繁荣。2020 年新冠疫情给全世界经济形势带来巨大冲击，但也给我国农业电商注入了新的活力，带来了新的发展机遇。随着包括人工智能、大数据中心、5G 网络等在内的"新基建"按下"快进键"，平台卖货、社区团购、直播带货，成了疫情下农业电商的新商机。在危机与机会并存的时候，网络创新创业成为抵御经济危机的首选路径，以电子商务为代表的网商行业正在努力化危为机。伴随疫情和缓，一些经济活动集中暴发，出现较强经济反弹，社会对电子商务专业的人才需求将会迎来一个高峰，成为中职生创新创业的有利时机。只有拥有较强的创新创业意识及能力，中职学生才能快速找到机会，在危机中发展。

**3. 终身学习能力**　2015 年中国国务院发布《国务院关于大力发展电子商务加快培育经济新动力的意见》，提出要大力发展电子商务，降低电子商务准入门槛。发文至今已过去 9 年，目前，中国消费水平日渐提高、电商普及程度不断加强、电商体系发展更加快速及成熟，所以行业人才准入及就业门槛不断提升。电商企业将逐步面临更加规范化和法制化的监管，电商企业对吸纳人才的标准也将由传统的"高技能""零门槛"逐步向"高素质""有资质"转型。中职学生受学习情况所限，自身基础薄弱，且学制较短，在校三年期间能掌握的知识技能有限，若不能养成良好的学习习惯，形成终身学习能力，在日新月异的电子商务行业无疑会被快速淘汰。以当下最为火爆的网络直播、短视频经济为例，根据专业机构数据统计，到 2020 年末为止中国直播电商的市场规模已经达到 1.2 万亿元。在盛产农产品的广西，网络直播售货也已然成为互联网创业的首选，以广西贵港为例，种植百香果的果农中 38％都采用直播带货方式做线上销售。但目前直播电商行业主要存在产业化程度低、生态产业链还未形成完整闭环、电商主播素质参差不齐、电商直播平台用户黏性不高的情况，侵犯消费者合法权益等失信违法行为也时有发生。为改善直播电商销售中存在的问题，2021 年两会期间有代表提出了关于规范直播电商行业推动数字经济高速稳定发展的提案建议，建议国家应提高行业准入门槛，推动行业规范化发展，甚至应出台相应考核标准，持证上岗。如今的互联网行业已经步入稳定均衡增长阶段，互联网红利也已然见顶，新时期应该用新的思路面对网络交易进行管理，网络经济应越来越规范，"只要会上网就能做网络营销、只要会卖货就能做网络主播"的时代一去不复返。面对不断提高的行业标准及能力需求，终身学习能力的培养尤为重要，从业者只有顺应时代发展、不断更新技能、不断提升自身专业素质、成长为多技能学习型人才才能继续抓住时代机遇，成功创新创业。

## 二、新商科对专业课程体系构建的影响

由于新商科对人才能力需求重点发生转变，传统的中职电子商务课程体系已经无法满足对具有较强创新创业能力、终身学习能力的复合型人才的培养需求，且新商科强调人才对于区域经济环境的较强适应性，我们现有的课程设置及内容也缺乏区域经济特色。新商科背景下必须要对现有的电子商务课程体系有针对性地做出优化调整，以适应具有融合性、区域性特点的课程需求。

### （一）对专业融合通识课程体系的需求

基于新商科对专业知识复合能力的需求，中职商科人才需要有一门课程或者一个较为完善的通识课程体系，这样才能帮助学生了解商科专业基础，并通过此类课程打通专业间的壁垒，完成专业知识复合能力的培养。经过调查发现，开展通识课程教育的中职学校较少，通常会让教师在一些公共课程中进行专业融合知识的普及和讲解。通识课程传统的商科课程体系设计主要基于亚当·斯密的劳

动分工理论，按照工具型人才培养标准的教育理念来设置。在平常的教学授课当中，教师更专注学科内单一的、独特的内容，专业与专业之间的教学内容是相对独立、封闭的，长此以往这样的教学设计将完整的商科知识体系独立出一个个小单元，导致学生在学习的过程中不停重复，相关的内容却无法整合联系起来，理解出现断层。不同学科专业之间隔行如隔山，但由于科学的单向度特点，人也会呈现出不具有批判性、盲从性的特点，这既不利于培养全面的人才，也不利于解决现实生活中相互影响的具体问题。要培养多样化、多层次的高素质复合型新商科人才，就必须解决传统商科教育最大的难题，打破专业间、学科间的壁垒，突破资源边界、重新构建商科专业课程集群，建立通识课程体系进行通识教育。总的来说，新商科课程体系需要以行为为导向，加入新技能、新思维，更加强调一个行业的综合特质和细化职业发展技能，通过专业集群建设及精细化课程培养出具有专项技能的复合型人才。

### （二）对课程匹配区域经济发展的需求

人才始终要为社会服务。新时期，中职学校最重要的职能就是为地域经济发展输送人才。据调查统计，中职电子商务毕业生因为自身技能条件限制或主动选择，会有56.72%的学生选择毕业后在学校当地或者家乡就业。为满足新商科人才培养目标需要，应将区域环境优势和产业优势相关内容有机融入课程设置及课程内容，培养出能适应新商业发展所需的、带有显著地方商业特色的新商科技能人才。专业课程体系是实现专业办学目标和规划的重要载体，也直接体现了专业的办学定位。地方电子商务专业在设置课程体系的过程中，一方面需要基于专业特色定位建立课程体系，另一方面需要面向区域产业需求设置课程方向。国内外新商科课程体系改革研究的重点基本都放在了课程体系特色化及区域化发展。并且中等职业教育主要培养的是服务于区域经济发展的地方性人才，新商科专业建设需突出地方特色教育理论与方法，重点构建区域经济特色的话语体系，采用区域经济案例，解决区域经济发展中产生的问题。

## 三、新商科对师生教学组织实施的影响

基于新商科教育对人才培养目标及课程体系提出的新要求，电子商务课程的实施也需要做出改变来适应。电子商务专业课程教学必须要给予充分的软硬件条件支持，才能取得良好的教学效果。通过在校内进行课程资源优化配置，加强师生融合意识，提升师生综合素质，建立适合中职电子商务教学的融合授课教学模式等方式提升专业融合教学效果。通过全面革新现有的商科专业建设模式，重构新商科人才培养体系。

### （一）对教学资源配置提出新要求

首先，在于教学环境条件，大部分中职学校的教学资源相当有限，在进行专业建设时难免向优势专业倾斜，"扶强不服弱"的发展政策致使专业间"贫富分化"，差距甚大。专业间教学资源的失衡在一定程度上会影响融合式教学的开展。如有些学校为了能节省实训室建设经费，提高资源利用率，在专业实训室建设时需要考虑其必须具备有强大的综合实用功能，在实训室的设计上能配合两个甚至两个以上的专业进行实训教学，由于广泛性和特色性较难均衡，所以少有单独建设能体现新商科、新工科等"新"特色的融合教学实训室存在。如果没有良好的教学环境条件，很难保证日常专业融合教学的开展质量，必须采取合理措施，加强资源优化。其次，随着各大职校的不断发展，各校基本都建立了包含专业级设备资源、课程级资源、素材级资源这三个基础大类且具有一定规模的专业资源库。所开设的各专业课会依据本专业自身的建设内容和特点，拓展出自身的建设资源框架。为了保障专业融合教学更好地开展，可在现有资源库的基础上建设多专业在线共享资源库，通过相通知识点、业务环节或企业案例将单独专业的资源库重新进行整合，或一些相近的专业可以共用或共享一部分专业教学资源。但由于各专业仍然有其教学的特殊性，大部分资源还是较难共用。据调查，目前大部分中职学校校内在线数据库的使用率都较低，只有18.39%～59.88%，资源浪费现象较为常见。不成熟的教学资源强

行共享也会直接导致专业知识之间结合不紧密,无法达到提升综合能力的效果。资源是否能在线共享学习也限制着不同专业学生之间互助学习机会的多寡。所以,各校在建设资源库时应多方面考虑如何提升专业资源库的知识融合性及专业资源库的共享率等问题,这也是专业融合教学实现效果优秀与否的基础。

**(二)对师生能力素质提出新要求**

中职院校中很多教师都有一定的企业实践经验,教龄长、教学经验丰富,但仍然会有相当一部分教师安于现状,不再学习提升自我,教师自身知识的局限性及教师知识能力结构的固化,势必造成其授课的封闭性和模式化,这对学生及教师自身均会产生不良的影响。对学生而言,他们的视野会受到限制,所吸收的知识营养就可能因单调而不良;对教师自身而言,也容易产生倦怠、麻木,甚至出现教学障碍。新商科下的专业交叉融合教学的知识结构应当是流动的、处于生长状态的。对于要开展融合教学的教师不仅仅是要求其有过硬的专业技能,更要求其能游刃有余地融合各商科专业知识,在授课过程中创新教学方法。随着新技术、新思维的融入,课程对于教师授课内容的整合能力及信息化技能要求都较高,且需要教师有很强的项目教学把控能力。因此作为一名新商科专业教师必须要转变传统教育观念,积极寻求改变,多方位提升融合教学能力。

对于学生,在国家大力发展中等职业教育并取得长足进步的当下,中等职业教育的生源质量却日趋下降。大部分中职学生没有正确的自我规划,学习目标不明确,自我认知能力有限,对专业的选择存在盲目性,对专业和专业学习的目的性及未来发展前景没有足够的认识,这是中职学生的学历局限及眼界阅历局限。且受平时学习环境及家庭环境的影响,大部分职校学生没有自我认同感。种种原因之下,中职学生可能无法顺利通过教师引导完成对知识及技能的融合学习。现在迫在眉睫之事是如何在新商科背景下加强中职学生良好学习习惯的养成。可以通过不断的训练、监督和强化的方法,构建全员参与的教育管理方式,把学习习惯和行为习惯具体化、规范化,从而逐渐帮助学生养成良好的学习和行为习惯。在进行专业融合教学中，学生才能比较好地适应融合教学的学习强度，且在教师引导后能渐渐养成良好学习习惯的同时培养自己的终身学习能力。

## 四、新商科对专业评估核心要素的影响

专业评估是专业建设实施效果的评价及反馈，可以使我们直观地了解专业建设实施中存在的问题，从而能更有效地优化现有的专业建设实施方案。目前大多数学校的电子商务专业评价模式较多是量化单一课程或单一专业，缺少较完整的专业融合教学效果的评价系统，对新商科能力指标也没有设立评估点，也缺少针对地域性人才培养的评估指标，不能为新商科背景下专业建设优化改进提供有效且完整的参考。必须要在现有专业评估体系的基础上加以优化，增加新的评估点，进行全面评估。

### （一）增加多维复合能力评估指标点

新商科背景下培养的人才应具备的素质是全方位的，除掌握传统技术知识外，还应具备多专业交叉融合应用的能力，以及终身学习能力、创新创业意识等素养，甚至包括基本技能的实际应用能力和前沿技术的更新适应能力。从地方电子商务专业学生所具备的能力来看，还需要掌握与区域经济相关的基础知识技能，具备应用专业知识解决区域经济问题的能力。对于这些综合能力，现有的电子商务专业评估体系均未能体现，对于学生整体多维复合能力的培养考查是不足的。即是说现有的电子商务专业评估体系缺少新商科能力评估要点，在评价学生终身学习能力、教师复合教学能力、创新创业意识等方面指标点匮乏。没有合理的评价模式来衡量复合教学效果及人才培养效果，就很难对研究进行量化，无法找到整改及优化的方向，可见现有的专业评估体系与新商科复合型人才素质要求是不匹配的。现有的评估体系需要更多地关注专业课程中专业交叉学科课程的设置，尤其是专业交叉学科知识的运用能力，设置相应的指标点，更加严谨地对多维能力的评估，通过多种方式合理量化教学及人才培养效果。因此，新商科下的专业评估体系需要结合区域经济产业需求，有针对性地对能力评价指标进行科学合理的改

良，以便能更好地为电子商务专业建设提供指导参考，促进地方中职电子商务专业的建设。

### （二）增加地域经济适应性评价标准

地方职校新商科专业所培养的学生是承担地方经济与产业发展的主力军，电子商务专业承担着为地方互联网区域经济输送专业技能人才的任务，是地方电商行业基本技能人才输送的主体。但我国不同地区对电子商务人才的需求指向性是有很大区别的，东部及沿海地区汇集各项高新技术，主要缺少的是管理型、分析型人才，如大数据分析、电商项目策划执行等方面的人才。中部地区产业经济发达，主要缺少高技能型人才，如网站搭建、视觉设计、互联网营销等方面的人才。而西部地区经济发展较缓慢，电商产业多以小企业经营为主，且当地农贸经济较发达，对人才的需求不在乎高精专，更强调专业基础技能的全面复合性以及是否能有针对性地发挥当地的农贸特色经济优势。在新商科背景下，电子商务专业建设评估要围绕着新的商科教育理念做出一系列调整。而目前的专业评估体系基本都缺少独立的地域性评估部分，不能完全体现地方建设的需求和方向，因此，在制订新的专业质量评估体系时必须要考虑其构建方案是否符合地方经济建设需求。且各个地方经济社会发展和电商产业需求存在着较大差异，这就需要专业在设置办学目标和建设规划时充分调研地方人才需求，进行专业建设时围绕办学目标和建设规划设计具体内容，在专业评估体系中充分体现人才培养是否符合地方经济社会发展和产业需求。通过建立一套科学、合理的地域性专业评估体系能更好地促进各地方职校电子商务专业的建设，进而更好地为国家和区域经济建设输送高质量的电商人才。

# 第二节　中职学校电子商务专业建设对策

## 一、找准专业定位培育"新"人才

### （一）校企共商人才培养"新"定位

新知识、新技术往往都不是通过学校教书育人产生的，而是通过企业在适应市场的发展过程中产生的，电子商务近年来提出的"新零售"和"大数据"这些新概念就是很好的例子，市场提出了概念并且进行实践后，学校才开始展开研究学习。企业有新技术、懂需求，但是如果没有参与到学校的专业建设方案及教学设计中来，只是光提要求，会导致学校专业建设方案的制订与市场和产业需求脱节，不能为国家和区域经济服务。

新商科需求下，要消除专业定位与企业需求存在的差异，首先，需要明确新商科人才所应具备的素质特征。与传统商科人才的培养目标相比，对新商科专业人才的要求将是全方位的，在商业思维、国际视野、软件技能等方面都具有更高要求。不仅需要对基础技术知识熟练掌握，同时还应具备多学科交叉应用的能力，以及创新创业能力、跨界整合能力、国家民族意识等素养。其次，专业融合教学必须深层次地融合教学过程与生产过程，在产业链中嵌入职业教育，培养更加适应产业需求的人才。反之，地方产业在不断发展升级的过程中对专业建设和校企合作办学的优化起到积极促进的作用。两者之间相辅相成，形成良性发展。企业需从适应经济社会发展形势出发，解构社会对人才的知识结构、操作技能等最新需求状况并分享，通过深入参与中职人才培养模式的制定研究工作，向中职院校提出人才培养的新要求。所以在日常专业融合教学中，最重要的是怎样对合作双方的理念和战略进行统一协调，有效整合不同技术和资源。只有企业参与到专业教学及人才培养的全部过程中，才能真正做到人才全方位培养，通过校企一体，保证专业教学融合质量，做到人才培养精准定位。

## （二）多措并举提升专业"新"能力

新商科专业"新"能力的提升，要重视校内校外培养的无缝衔接，通过增强校企联合，加快学生"新"能力的多方位、多层面培养。

首先针对知识复合能力。在校内建立个性化档案，任课教师通过面对面谈心、侧面观察等手段，掌握每个学生的个人特质和个性化学习需求。在专业融合项目式教学过程中，应该给予学生充分的尊重，结合学生的认知规律，为其导入知识融合的学习理念，为其分配适合的岗位，并提供个性化的教学辅导，不断激发学生的学习兴趣，帮助学生扬长避短、挖掘自身潜力、实现自我价值。跨学科、多学科交叉融合可以让学生了解、学习、领会其他领域的知识，学会利用其他领域的知识来解决自己领域的难题。在校外实习期间提高学生专业复合技能水平，提升自主学习效率。通过结合在校内实施"双创"融合项目、积极培养学生自主发展能力外，还需要让专业培养的需求侧与供给侧精准对接，做到校内专业知识与企业技能需求的复合，以更加精准的方式推进发展型育人体系建设。学校需与地方企业联合实践学生留任制，由专业骨干教师与企业培训师共同针对地域经济发展特点开发新项目，通过增强岗位间的专业知识联系，因地制宜设置校外实体型岗位，建立"勤工助学—实习—就业"一体化的培育模式，辅导学生上任至留任，畅通培训至就业的渠道，体现勤工助学与专业学习及就业的结合。如广西作为西部大开发及"一带一路"重点区域，项目岗位设置要融入农贸电商经济、北部湾合作等理念，多紧密结合地方企业开展深度合作，发挥区内资源优势，弘扬壮乡文化，助力地方经济蓬勃发展。

其次针对创新创业能力。在入学之初就需要开展"双创助学""最美家乡"等多项双创主题教育，创造出良好的创新创业氛围，积极引导学生自立自强，不断提升创新创业意识，触发学习动力。通过积极关注区域经济动态，了解家乡区域经济优势，在导师的指导下具备应用专业知识解决区域经济问题的能力，树立正确的价值观、就业观，为自己规划一条适合个人学习成长的人生道路。并且为了保证教育的延续性，还要以新商科文化、职业文化、优秀传统文化为主线，大力推进文化传承与创新，将政治素养、职业道德与新商业知识、文化有机结合起来，全面提升中职学生的素质。经过系统培养后，学生综合素质提升，有了创新创业的能力基础、较强的终身学习能力，也能不断吸纳新知识，更好地适应未来社会，养成优良的行业品质，完成"双创"梦想，做到从认识到共识，变技能为黄金。日常可在校内开展"双创"融合项目，通过校企合作可以将岗位培训前置，增加创新型勤工俭学岗位，从任务到项目，将岗位由单一的劳务型向技术型发展，优化勤工俭学方式。具体措施为一方面校内合理规划，提供创新性岗位，增加勤工俭学岗位多样性。通过引导鼓励学生积极从事发展型、技术型的勤工助学活动，发挥其专业特长，使其专业能力得到锻炼和提高。另一方面可进行校企联合，通过"双创"项目完成岗前培训前置，在学校教师及企业导师的指导与帮助下，以学生为主体，按专业细分导向划分岗位，创立校内实体经营，鼓励学生发挥主观能动性，完善自己的项目经营。同时学生通过后期岗位角色互换、体验式学习，达到岗位延伸，技能延伸，摆脱单一技能，形成发展型、复合型育人机制。学校可与企业共同合作创业平台校内实践基地，设计专项网络资助项目，鼓励学生积极参与其中。利用学校自营项目，以开办超市、水果店等校内自营项目为基础开展网络营销，作为学生教学实践基地，有针对性地安排专业匹配的学生上岗，使他们能将自己学到的专业知识与社会实践相互结合，从而通过创新创业岗位，让学生能够更加自由、便利地参与进来，得到更多的酬劳。最后要引导学生量化人生追求，自主加强学习和实践主动性，培养学生的诚信友善、创新精神和实践能力。

最后针对终身学习能力，可通过两个层面全方位加强。一方面，在融合教学的过程中采用"大小师父制"结合的教学模式，在实现多专业教学融合中从根本上提升学生的终身学习能力，并随着沟通能力、理解能力的加强，使学生的综合素质得到提升。首先"大小师父制"的大师父，即指导教师。在授课过程中根据学生兴趣及专业优势合理分组，通过规范学生的上课行为，严格执行操作程序，从中判断并选拔出品学兼优的学生加入"小师父"梯队中来。在"小师父制"的执行过程中，同学之间做到相互学习，相互传授，不断提升自我，大家共同分享、共同探讨，从而共同进步、共同提升。师带徒这样更生活化的学习模式，也能缓解学生的学习压力，使学生能逐渐适应较高强度的专业融合学习，加快知识吸收速度，在课前、课中、课后实现高效学习。此模式也能更好地鼓励学生进行合作探究，通过师徒相互影响，逐步建立融合型学习思维，形成主动学习的内驱动力，即使是在离校后，也能通过自主学习更新专业知识。如若学生继续升学，也可更好地适应高校学习生活，主动为自己设定多专业知识学习目标。使用"大小师父制"教学模式，循序渐进地进行阶段式培养，不断增强学生交流沟通能力，以协同育人新模式探索为引擎，大力推进新商科人才培养。加强后续就业追踪引导，促进专业建设工作成效提升。通过完善管理，校企联合建立转岗就业能力提升基地。可联合企业共建学生校企在线信息库，对学生就业创业情况进行持续追踪，形成专业技能培训的长效伴随机制。对心理不成熟、技能不全面、工作不稳定以及因疫情或其他原因失业或再择业的学生加强监测，提前采取针对性的帮扶培训措施。通过开展联合培训，做好引导，开展终身教育，培养学生终身学习能力，使学生能力能得到阶梯性的持续发展。通过心理疏导，重树就业自信，通过加强就业技能及市场实战指导完成转岗就业，稳定就业，形成良性循环。

## 二、重构课程体系，优化课程结构

新商科课程体系要以满足行业用人需求为出发点，以培养复合型、技能型人才为目标，对电子商务专业的职业能力和素质要求进行分析，参考对接"1+X"电子商务职业技能等级认证标准，充分考虑岗位的衔接及学生能力的成长规律，从知识建构的整体性、关联性和动态性等角度出发，突破原有的课程架构，重新确定课程结构、排列课程序列，形成"通识基础模块+专业技术模块+跨学科模块+跨学段模块+个性化模块"的新商科课程架构。这些模块的侧重点不同，分别注重对学生的协调性、综合性、系统性、应用性、可迁移性和发展性进行培养。

### （一）构建"双创"通识融合课程体系

通过加强通识教育缓解目前学术专业分科过于专、细且知识严重割裂的情况，帮助学生加强对不同学科的认识，培养知识融会贯通的能力，培养出"完全、完整的人才"。具体实施可通过分析各专业间的课程知识共通点，在通识课程中有针对性地进行多学科间基础知识的融合，通过跨专业、跨行业的融合，学生在学校尽可能多的接收两个或两个以上专业的相关知识，并通过通识课程对相关知识的分层及串联，懂得如何融会贯通并加以利用，经过系统的学习和实践成为新型领域需要的新型人才，成为行业中各企业争取的对象。

　　通识模块对应中职专业融合课程体系中的"双创"课程，课程注重对学生商科通识素质以及电子商务专业基础知识技能的培养。首先需要提高"双创"课程占比，据调查了解，目前中职学校开设的"双创"课程基本只有三门，《创新创业教育》《创新创业基础》《职业生涯规划与就业创业指导》。在专业融合初期，这几门"双创"课程基本可以满足专业通识教育的需求，但随着专业融合教学深度的不断增加，适当加大创新创业课程占比、建立创新创业课程体系才可以使学生更好地得到专业通识的提升和商科创业思想的建立，提升专业融合教学的效果。其次坚持分阶段、一贯制的课程设计思路，构建开放、共享、面向未来的课程体系框架。根据人才培养目标的细分和教育功能的不同设计课程模块，构建"基础文化课""职业领域课""实践创新课"三大课程模块。实施素养、知识、能力的综合培养，立足基础能力，突出职业综合能力，着眼职业可持续发展，形成三类课程一体化设计的课程体系框架。创新创业课程应融入实践课程体系中，这样不仅在校期间能通过创新创业课程学习到通识教育，也可将专业融合教学的影响持续扩展到学生实习就业阶段，达成更好的专业融合教学效果。

　　中职学校学制一般为三至五年，在此期间可有层次、有重点地对创新创业课程与专业课程进行交叉扩展整合，参考 GPE 三段式"双创"课程体系，具体可分为 G（General Course，创新创业通识性课程）、P（Profession Course，创新创业专业课程）、E（Employment Course，创业就业导向课程）。GPE 可对应低、中、高年级的学生，在不同的学习阶段，有计划地将专业融合的重点放在通识、专业及就业导向，如在第三学年开始可适当加强理论知识拓展学习，做好中高职融合的教学衔接，促使学生完成从技能型向业务型、管理型的转变。有条件的学校还可通过参考高等教育适当增设选修课程及通识大课堂作为补充，利用好学生的第二课堂时间，利用多人多专业大课堂交互学习的优势，使得专业融合教学能更充分、更深入地开展。

### （二）多模块深化课程实施融合度

针对课程体系的专业融通性不足，主要从"专业技术模块＋跨学科模块＋跨学段模块＋个性化模块"共四个模块齐头并举，共同提升课程系统在实施过程中的融合教学深度。

"专业技术模块＋跨学科模块"重点在培养学生电子商务专业的核心技能，使学生掌握电子商务相关岗位的真实工作技能。基于中职学校学情，需要坚定可持续健康发展的理念，探索建立以电子商务专业课程为主干，以市场营销、现代物流、会计等专业课程为辅助的"一主多翼"的专业课程体系，并根据市场需求及行业发展及时调整，革新课程，建立课程体系动态调整机制，通过专业间的知识渗透，完善电子商务专业人才知识体系，以适应专业发展和新商科人才培养需要。在具体的课程体系构建中，由于现代经济社会的飞速发展，还需要每隔一段时间就对专业人才的需求进行调研，结合企业和人才最新需求完善和更新课程体系。

经调查发现，目前考证课程的安排仍然存在许多问题，这些问题会随着证书获取要求的提升、课程设置的增加而变得更加尖锐。考证课程在专业课程中的占比将逐渐增大，做好考证课程与日常专业课程的融合是十分必要的。企业渴望业务精通、技能娴熟的高素质复合型人才，也需要综合类管理人才，人才需求呈现多样化、多层次的特点。未来的新商科人才是商业共通型人才，一本学历证书加一本职业证书已经满足不了企业的要求，行业内多证书并行，甚至跨界考证才是王道。可以以书证融通复合型技术技能人才培养培训模式改革为突破口。具体措施目前可深化"1＋X"试点措施，做好课证融合。一方面可对接"1＋X"标准，构建"三环节叠加式"实践体系，立足教学实际。如"1＋X"电子商务数据分析职业技能等级认证标准以及相关课程，以数据分析基础技能、数据分析综合能力、创新思维能力、团队协作能力的培养为目标，设置基础技能实践环节、专业综合实践环节和企业实践环节，引入企业真实项目和企业师资团队，采用课程实训、单项实训、综合实训、顶岗实习等实践形式，设置网络数据分析实战、数据可视化实战、数据化运营实战、商务数据分析与应用综合实战等实践项目，开展从简单到复杂、从单项到综合的叠加式实战训练，循序渐进地培养学生的职业能力，形成"三环节叠加式"实践教学体系。可利用证书间可以相互融合的知识契合点进行多证融合。可以考虑将证书中初、中、高三个等级的模块课程进行穿插式教学融合，也可以考虑同类方向但不同侧重点的证书进行融合。

如电子商务专业"1＋X"中有关数据分析职业技能等级部分，分别由北京博导前程信息技术股份有限公司负责电子商务数据分析（初级、中级、高级），适用专业有电子商务、经济管理、市场营销。北京鸿科经纬科技有限公司负责网店运营推广（初级、中级、高级），适用专业有电子商务、移动商务、网络营销、跨境电子商务。从适用专业可以看出商科专业证书在很大程度上都是具有一定共通性的，因为基础的经济理论框架是不变的，只是知识外化时出现了区分和细化。可以考虑通过大课或者选修课的方式共同学习证书间的共通知识点，节省学生考取证书的准备时间，并使得课程间的融通安排更具灵活性。

对于跨学段模块，在调研过程中，学生都很明确地表示了自己对升学后知识衔接性的担忧。在学生学习后期，为了更好地进行中高职专业融合的衔接，方便学生升学后的继续学习，需要根据教学阶段的不同设置、不同的课程内容及难度考虑在后期的项目模块中加大分析环节部分占比。如果中职的学制为期三年，我们可将三年的学习时间具体划分为六个阶段：第一学期学习专业融合通识基础课（创新创业通识课程）；第二学期通过实训系统（新道 ERP 沙盘系统、博导前程实训系统等）进行专业融合实践教学及仿真模拟实训；第三学期注重工学结合实训，利用项目教学进入初期实践阶段；第四学期加大项目教学中的分析模块比重，并尝试利用高职项目案例提升学生数据分析能力、思维能力；第五学期利用跟岗实习、顶岗实习加强学生对企业的认知，通过更具真实性、针对性的专业融合教学项目做好创业孵化；第六学期通过强化基础理论和技能训练，落实"1＋X"考证制度，学生可以一边准备各技能等级证考核认定，一边准备升学考试。这样设计是考虑到经过了第一至第三学期的教学工作以后，学生整体上已经适应专业融合教学的授课方式，综合素质及学习能力也得到了进一步的提升，在第四学期开始可以逐渐适当地增加课程深度及广度，在项目环节中融入高职专业基础课程相关知识，重点培养学生思维能力、管理能力及终身学习能力。中高职并行的院校要利用自身的优势，认真分析判断模拟本校高职专业群建设模式，积极探索开展专业群的建设。由校内主打专业（电子商务专业）开始，进行中高职院校校区的合并管理，中职高职的学生不同学期间穿插不同校区完成课程学习，课程设置也紧跟市场，做好中高职课程衔接，形成中高职单专业群集合，进而不断发展建设成为中职经管专业群。另外要加强共享资源库中中高职衔接课程内容的上传整理，配合学生课余时间及毕业后的持续自学及自我能力的提升，做好中高职专业融合教学的衔接。

对于个性化模块，即在学生夯实了专业基础能力、具备了专业核心技能的基础上，设置不同方向的课程作为学生的选修课程，供学生根据自身职业规划情况和职业兴趣选择性学习，满足学生多元化的发展需求。考虑在专业教学融合的过程中有一些专业课程及其知识点具有很强的专业性，例如电商的 SEO（Search Ensine Optimization，搜索引擎优化）、SEM（Search Engine Marketing，搜索引擎营销）等数据信息化分析，冷链物流运输，财务报表填制与分析，这些知识点都有很多专业特有的专用名词及知识点，比较难进行常规商业环节的模块化。且这些知识因为其专业性较高，若没有适合的实训项目环节作为切入点，强行进行项目融合，知识点插入得过于生硬，学生无法理解吸收，很难达到良好的融合教学效果。对于此类知识可以以兴趣驱动，参照高等院校，辅助开展选修课或者公共课进行教学，学生可以根据自身兴趣和需求选择适合自己的课程进行学习，利用多人多专业大课堂交互学习的优势，调动学生学习的积极性，达到较好的专业知识渗透效果，也有利于学生沟通能力的培养。在实施过程中还要注意专业课比例的设置，热门及非热门专业课程的开展要做到比例适当、平衡发展。在做好专业群课程比例调整以后，确保学生可以掌握第一手的最新知识体系和内容。在搭建选修课程框架时也要注意做好中高职专业融合教学的衔接，给有需要升学的学生扩大选择面，从第四学期开始适当加深经济基础理论知识的学习，灵活选用大课加选修课的模式增加了专业教学融合的渠道。

## 三、校企联合提升课程组织实施效率

### （一）共享共建多态互补专业教学资源

**1. 建设专业共享教学资源库**　新商科专业共享教学资源库通过做好各个学科的单点突破，把碎片的信息进行整合，形成完整的学科融合知识网络体系，按照共建共享、边建边用的原则，整合优秀的教学资源，实现资源的共享。资源库建设我们需要注意以下几点：一是做好课程设计的一体化和结构化。以"自主、探索、合作"为主要特征设计模块课程，搭建在线一体化学习平台，融入创新创业教育，满足网络学习和线上线下混合教学的需要。二是做好资源的颗粒化、模块化。基于专业融合教学项目的颗粒化资源是搭建好资源库的基础。颗粒化资源以知识点、技能点为最小学习颗粒，通过有机组合满足不同专业融合的学习需求，满足教师自由组建课程项目的需要。三是做好平台的智慧化。通过搭建智慧化支持平台，保证资源库共享与应用的环境需求。智能化资源服务平台要实现"易查、易学、易用、易操、易组"的目标。四是资源内容的区域化及合理化，多使用有明显区域经济优势特点及地域文化特色的企业项目作为教学案例，潜移默化地提升学生的家乡熟知度及创业热情。课程的深浅程度、难易程度也需要教师合理把控，在进行案例库的构建时，应当根据所教班级专业的差异针对不同专业学生建立不同的案例库，同时，避免过大过深的案例，要选择突出特性、贴近学生的案例。这样也便于后期不同专业的教师使用资源库内容进行项目任务的整合，实施一体化专业融合教学。五是提升合作功能，满足校企合作、社会服务、产教融合的横向需求。资源库建设完成，不但能连通教师之间案例分享渠道，同时能促使学生更加关注与自身专业相关的内容，能从商业角度拆解他们本专业的相关知识，让学生在拥有专业技术的基础上，培养他们的商业思维。这些满足多样化需求的课程资源，创新服务供给模式，为后续提升学生的自学能力、终身学习能力打下基础，服务学生终身学习。同时在采集教学案例数据的过程中，为专业建设及优化提供大数据支撑。

只有建设更具生命力的专业资源库，才能更好地实现信息资源优化共享，更好地为专业教学融合服务，更好地满足学生目前毕业后对知识学习继续深造的需求。

**2. 加强教学项目区域特色** 新商科将人才培养的目标定位在满足地方和区域经济社会发展，尤其要满足西部地区各类产业、行业对新商科人才的需求。如以农产品贸易为主的广西，课程教学内容应多融入农业电商项目及乡村振兴经济案例，通过以此为标准选取新商科专业融合课程体系教学内容，帮助学生在日常教学中感知家乡情怀、熟知家乡经济项目。通过有针对性的实践项目训练，学生在实习期间及毕业后都能更好的无缝衔接区域经济企业，成为更适用于地方区域经济建设的商业人才。在项目开展的过程中需要紧密结合地方企业展开深度合作，校企共同设计教学项目内容，有机、合理地融入地域特色、文化特色。专业交叉融合教学过程只有与企业生产过程深度融合，才能紧抓经济增长点及技能创新点，培养出适应产业需求的人才。同时为了更好地突出融合项目的区域经济特色及专业岗位特点，要充分利用有限的条件进行情景建设，建设智慧化的专业教育教学环境。我们可以发散思维，不仅仅局限于实训场所内搭配足够的硬件，更重要的是**能模拟专业岗位工作场所**

的特有氛围。一方面，可以通过准备多样化的硬件进行摆设布局，在实践教学过程中增加有各专业岗位各个工作环节细节特点的设计，让学生能通过一些细节的引导进入角色，还可以在所处的场所加入区域经济优势介绍展板、优势农贸产品模型、地域民族风格强烈的装饰品等刺激视觉观感。教师应尽一切能力准备学习过程中所需的各种"道具"（如实践案例中的风欣扶贫项目，可以为每个小组准备几种扶贫水果、蔬菜等农产品），道具的使用更能活泼现场氛围，调动学生的积极性。另一方面，我们可以利用网络打破时空的界限，充分使用网络资源进行课堂学习资源的扩展。如一些课前课后资源的收集，可以鼓励学生通过网络资源搜索完成，在实现扩展知识与技能的同时做到目标能力的迁移。

## （二）内培外引，打造复合型教师队伍

师资队伍是专业建设发展的重要支撑，新商科背景对电子商务专业师资队伍的建设有了新的内涵和新的要求。基于专业融合教学的电子商务专业建设模式的实践对中职学校来说是一个挑战。专业融合课程教学具有专业交叉渗透性，对教师掌握知识的综合程度、网络应用能力、信息加工能力等都有较高要求，电子商务专业又属于合多个商科专业知识特点于一体的高度融合专业，在此需求下，师资不仅要满足专业技能的基本要求，还要具备多元交叉领域的知识和较强的实践经验，具备能将科学研究理论与实践技术创新相结合的能力，这就需要建设多元复合的融合教学师资队伍。

具体通过坚持内培外引，打造复合型高素质专业师资队伍。基于专业融合的教学督促教师转变教学理念，重新定位自己，在教学过程中所处的角色。组建融合教学教师团队，相互学习研讨，不断提升教师的融合教学意识。电子商务专业人才需求能力结构的复合性要求师资队伍应该由具备电子商务类、计算机软件类及数据分析类专业背景的教师构成，专业课程的实战性要求必须有具备企业实际工作经验的教师参与人才培养的全过程。可从专业师资培养和企业导师引进两方面着手，联合院校，倾力打造复合高效的专业师资团队。

对于专业教师培养方面，在日常中应该鼓励老师们保持一定强度和密度的教研活动，推动和促进教师的成长。学校和企业联合制订教师培训成长计划，有计划、有目的、有层次地提升专业教师融合教学能力，特别是教学资源信息化能力的提升，可通过校企联动，以专家讲座、案例研讨、实战操练等形式，开展师资定期培训，加强专业教师在融合教学方面的专业素养。通过企业名师定期展开信息化能力提升的强训，从教育教学的角度出发，培养教师数据分析、网络营销、数据化运营等专业能力，并通过提升教师课程建设、实践教学等教学能力提升教师信息化素质，帮助教师加速转变教学理念、提升教学能力、提升项目把控力、信息化处理能力等。同时，学校应定期组织专业骨干、学科带头人、青年教师进入企业实践，通过学习锻炼帮助专业教师熟悉电子商务各个岗位的实际要求，增加教师实践经验，给予学生实践能力培养更大的支撑。最后建立健全项目绩效考核评价和激励机制，激发教师从事教学教改研究的积极性与主动性，为加速专业融合教学改革创新提供内生动力。

在企业师资引进方面，需要引入具有丰富行业经验的企业导师与校内导师共同承担专业课程的讲授，优秀企业导师的引入能更好地提高学生将理论知识转化为实践的能力，提升学生在行业环境下的视野。且适当调整企业导师奖励机制，给予较高的薪资补贴或更好的升迁调动机会，用更具吸引力的条件招入具备教学能力的行业企业专家，担任专业企业导师，优化专业师资结构。通过企业导师与专业教师共同参与专业教学，指导学生进行真实的项目运营，面向国内、省内的行业、企业开展技术研究，面向社会开展咨询及培训服务，促进教育成果的有效转化，提升专业服务社会能力。

## 四、建立多元立体专业质量评价体系

### （一）教学评估

根据新商科教学质量需求，应进行融合教学评估方式设计并针对融合教学的学习效果进行量化考核。设计考核目标分为专业知识能力考核及综合素质能力考核两大部分。为了实现学习成果的有效认定、多方积累和专业间转换，可参照我国职业教育"学分银行"建设理念，为校内学生建立个人教育学习账号，通过线上数据交互实现学生学习成果的追溯、查询和转换。考核方式采用学分制，融合学习的每一个细小模块都赋予相应的学分值，按照本专业知识与关联专业知识、独立课程与联动课程、本岗位业务与关联岗位业务进行一定比例的赋值。本专业核心模块可适当给予高赋值，知识关联模块根据关联程度依次给予赋值递减，最后通过加总学分衡量其学习效果。这样通过分数累计及比例计算得出基础分数，并通过综合企业、教师、学生各方评价进行综合评定。且因为是给模块进行赋值，可根据不同的考核需要进行所选模块的分值汇总，从而能更灵活，更真实地给予每个学生专业融合学习效果的评价。以此实现能量化每位同学对于不同知识模块的掌握程度，也能通过特定比例换算对比分析本专业及关联专业知识技能的掌握情况。最终配合国家"学分银行"建设策略，在进一步完善学分制的基础上，推行更加灵活的弹性学制和学分互换制度来进行学生学习能力、综合能力及沟通能力等"软能力"提升效果的考核。

对于不同性质的教学知识模块，采取不同的组织管理方法，推行过程学分与替代学分。注重学生实际动手能力、创新能力和业务实践能力培养，使课程考核具有鲜明的职业性、开放性、灵活性。通过各模块学分对比、相加，形成学生模块知识掌握及各项能力发展图谱，真正做好学生的评价考核，了解到最真实的专业融合教学效果。

## （二）专业评估

依据新商科专业建设强调复合能力培养的需求，地方中职学校的电子商务专业的专业评估体系应在立足国家专业评估体系的基础上，体现区域产业特点，细化评估指标，结合学校定位，引入学生、教师、企业、第三方评估机构等多元评价主体，做到"分层次、分类别"进行立体化的评估。具体体现为，在专业评估体系设置的过程中重点考查电子商务专业是否围绕着专业目标建立了具体且切实科学合理的专业建设规划，并且判定其是否具有可行性。然后考察专业规划的实施方案，在分阶段实施的方案中所实施的措施应分别与专业目标和具体建设内容产生映射关系。从专业定位及培养目标评估、教学过程评估、师生行为评估和综合产出评估四个重点优化评估思路，建立起系统、科学、立体的人才培养质量评价体系。通过人才培养目标、培养方案与课程体系等多个指标进行反映，强调在新商科背景下，多学科交叉融合教学在培养复合型商科专业人才中的重要性，从而培养学生综合运用多学科知识解决电子商务专业复杂问题的能力。

重点优化评估思路如下：

**1. 专业定位及培养目标评估**  增加对区域产业经济支撑程度评估模块。一方面考核在考虑专业定位、专业规划与实施方案及人才培养目标初期，是否深入考虑人才培养与地方经济社会发展及产业需求是否相契合。另一方面可通过访谈和收集数据判断人才培养是否给当地企业的经营成果带来具体且直接的贡献，可以在毕业生工作一段时间后，通过网店和网站访问量、总销售额、订单数、客单价、订单转化率、退货率、重复购买率以及客户满意度等一系列指标来衡量和分析学校人才培养为企业带来的综合效益。

**2. 教学过程评估**  可以充分利用人工智能、大数据分析等现代技术手段，以专业目标、课程设置、教师教学、学生成长为对象，优化教学质量监控机制，强化专业群可持续发展的内部质量保证。与电子商务行业协会、专业评估的第三方组织合作，推进专业办学质量监测与人才培养质量评价，深化专业教学融合建设外部质量保障。

**3. 多维能力评估**  重视新商科的"新"能力评估，这是贯彻新商科专业建设指导精神，全面提升中职电子商务专业教育质量的内在需求。重点增加师生创新创业能力、终身学习能力及复合能力增长相关评估指标点。教师层面，为了促进教师主动适应、加快融合教学能力成长，需要通过建立健全评价考核机制。教学过程中通过配合"1＋X"证书制度的落实，建立以"双师型"为基础，

"1＋X"师资培训证书为补充的考核方式，衡量教师在专业融合教学上的能力差异。"双师型"代表了教师已经达到的专业程度，而"1＋X"则表明了目前教师专业教学融合能力的程度。同时，学校还应根据专业融合教学的特点，在教师评价系统方面进行重新设计，重新做好考核制度。学生层面，需要围绕着学生的复合能力、创新能力、终身学习能力等"新"能力建立一套培养的专业保障体系，形成"建立、监控、分析、调整、改进"的闭环。可通过校企合作，委托第三方或自主开发在校学生能力追踪数据库，整合学生在校期间及就业后的在线档案数据，持续追踪学生各项能力增长趋势。通过数据分析及反馈持续增加改进数据库搜集项目，形成可以长期服务于学校、学生、企业的线上成长数据库。

**4. 综合产出评估** 主要增加新商科创新创业及终身学习能力评估指标点。通过对学生毕业后大专或本科升学率、就业创业比例、技能提升考证通过率、学校共享在线资源库后续使用率等数据进行综合分析判断。

针对以上评估思路，在目前专业评估体系的基础之上，结合我国中职电子商务专业建设实际状况，构建新商科背景下中职电子商务专业评估体系。该评估体系主要由专业定位及区域特色优势、课程体系与教材建设、校企合作与协同育人、教学组织资源条件、教学管理与质量保障、新商科"新"师资队伍建设、新商科人才"新"能力培养、就业升学与社会声誉组成8个一级指标，下分25个二级指标以及44个主要观测点。

# 第八章

# 电子商务专业课程有效构建策略

## 第一节　中职电子商务专业课程体系构建

### 一、课程体系构建过程

#### （一）专业人才规格定位

人才规格定位是指以文件的形式对学校培养出来的人才质量进行准确定位，是各项教学工作以及教学活动的基础，是学校制定人才培养方案的依据。电子商务专业作为一个迅猛发展的热门专业，制定人才培养规格一方面需要按照国家的相关专业教学标准的要求，另一方面注重关注企业行业对毕业生的需求，制定出符合电子商务综合素养和专业技能知识能力等方面基本要求的人才培养目标。

电子商务专业人才培养规格的衔接点在于区分不同培养阶段的职业素养和专业能力要求。在职业素养上，电子商务专业要求通用的团队合作精神、责任意识、法律意识以及诚信意识等，能够与他人合作，具备较强的服务意识，较强的口头表达能力以及良好的网络沟通表达能力，工作执行能力强，具备继续学习能力和信息技术处理能力。中职阶段职业素养侧重培养学生初步的分析问题、解决问题的能力，帮助学生建立创新创业意识。高职衔接阶段偏向培养学生的计算机筛选、分析能力以及运用外语的能力。在专业能力方面，电子商务专业主要是面向传统电商、跨境电商、新媒体、新零售等领域能从事电子商务运营推广、美工设计、营销策划、客户服务等工作的技能人才，其中中职阶段的电子商务专业主要培养客服、初级运营、营销和美工方面，重点是学会如何应对客户售前的咨询、提供售中和售后的服务、运营淘宝网店，并熟悉相机基本的操作和 Photoshop 图像处理软件等的使用。而高职衔接阶段在加强客服、初级运营和美工的基础上，还要进一步加强掌握电子商务相关理论知识与技术技能，进一步加强营销与策划能力、商务网页制作能力以及客户关系管理等能力提升，主要培养电子商务复合型人才，培养学生的计算机筛选、分析能力以及运用外语的能力。

## （二）专业岗位群确定

根据电子商务专业特点以及面向粤港澳大湾区经济发展要求，确定人才培养目标以及人才培养规格，对企业专家访谈以及毕业生就业调研对电子商务专业需求状态进行分析，进一步明确目前电子商务专业的人才需求数量以及人才培养规格要求。研究首先通过调研毕业生集中就业的电子商务企业的类型，进而调查和确定专业面向的岗位群。经过调查分析，当前电子商务行业处于快速发展和行业格局快速变化阶段，电子商务行业已经重新分类为如表 8 - 1 所示的 3 种企业类型。

表 8 - 1　企业类型分类

| 企业类型 | 类型细分 |
| --- | --- |
| 传统应用类型 | 自建网络交易平台类或第三方平台 |
| 电子商务第三方服务型 | 以网络交易平台和运营服务、外包服务为主服务 |
| 电子商务销售与贸易型 | 联合多家生产制造企业的一类商品或者产品，利用第三方平台开展销售，基本上完全依靠互联网提供业务和服务 |

从上表中企业类型上进行划分，第三方平台、运营服务或者外包服务以及某一类商品利用第三方平台开展销售的企业包括三种职位：运营、业务和商务管理类，除了上述职位外，在建立自己的网络平台并提供在线交易平台服务的公司中，还存在技术职位，例如，网站建设和开发、数据库维护。然而技术类岗位的招聘，出现了跨专业之间的融合，企业招聘毕业生不仅局限于电子商务专业，

也会聘用计算机应用技术专业毕业生或者网络技术专业毕业生从事计算机维护或者网站维护等工作。例如，物流仓储和快递发货也由非电子商务专业学生所对接。因此本研究以面向本专业岗位为主，通过按照三分之二面对现有岗位，三分之一未来的工作岗位要求或者岗位群的要求重新划分为：运营类、客服类、营销类和美工类四大岗位群。

### （三）典型工作任务分析

本研究通过对电子商务专业职业能力进行科学规范的分析，为专业课程体系的重构以及教学的项目任务设置打下坚实基础，同时为归纳典型工作任务提供依据，基于企业以及学生的调研结果，对电子商务专业的各个工作岗位的典型工作过程进行归纳。首先将专业面向岗位群定位为运营类、营销类、客服类和美工类，其次按照对应职业岗位的工作任务和工作过程，分析岗位对应的职业能力、职业岗位工作及典型工作任务，主要通过调查问卷法、文献法、个案研究法进行研究分析。调查问卷法主要通过向在校生和毕业生发放调查问卷，广泛了解电子商务企业的需求，分析学校的培养目标以及学生的能力和素养结构；文献法主要通过阅读当前研究成果明确认知电子商务职业能力内涵以及范围界定，初步划分电子商务岗位以及对应的职业能力；个案研究法主要通过邀请了10位参与调查问卷的电子商务毕业生，让他们重点讲述自己的工作成长经验，分析提取毕业生从事对应岗位中成功的要素，纳入职业能力分析范围内，对调研企业的公司开设的电子商务部门各岗位职责与工作任务进行深入的分析，得出电子商务产业共性的需求，对电子商务职业能力分析有着至关重要的作用。

通过上述三个研究方法，将电子商务岗位群重新划分为：①运营类岗位，是指负责品牌店铺的运营管理人员，负责项目的内部管理，整合资源，及时准确地处理店铺的疑难问题；②客服类岗位，为网店的在线顾客提供商品细节图，为顾客推荐商品，帮助顾客下订单、买到心仪产品的人员；③营销类岗位，是指负责撰写店铺产品描述、营销策划的人员，主要进行推广文件的撰写、宣传文案的创作；④美工类岗位，是指从事电子商务平台颜色处理、文字处理、界面 UI 设计、图像处理、视频处理的人员。整理分析以上岗位的定位之后采用专家头脑风暴法，通过邀请课程开发专家与电子商务企业专家召开课程开发研讨会。按照职业成长规律，要求每个专家列举在工作过程每个对应阶段 3～4 个实际从事过的并且具有岗位代表性的工作任务，接着对专家按照 3～4 人一组进行分组，对工作任务进行汇总，最终以小组为单位进行汇报和讨论工作成果，将一个或者多个不同的典型工作任务归类为单个行动领域或多个具有相同性质的典型工作任务归为一整个行动领域，形成被分析职业的典型工作任务表。

　　由于新电商产业的快速发展，电子商务专业具有多学科性和交叉性等特征。首先需要将电子商务专业课程的内容按照电子商务每个工作环节所需要的技能进行分析，在分析基础上总结电子商务专业对应的工作岗位的技术技能要求，得出运营岗位主要需要能够对店铺日常数据进行月度盘点与分析、定期汇总及分析项目数据，根据销售数据及时调整品类推广方向等，需要应用数据采集、管理和数据分析技术等能力。其次通过对于电子商务主要的岗位有针对多个岗位工作任务和职业技能要求重复的进行合并。例如，运营岗位和营销岗位第一步的工作任务都是进行市场调研，将这些重复出现的工作任务合并到对应职业能力分析中。最后通过职业能力分析后整理归纳典型工作任务，将其命名要求如"网店数据分析处理"的动宾结构短语。经过调研和论证，最后整理得出电子商务就业岗位、典型工作任务以及职业能力。

## （四）行动领域归纳

　　行动领域归纳是指分析典型工作任务需要的职业能力，合并相同的职业能力。教学化处理职业实践的行动领域，将来源于工作实际的行动领域通过教学化处理为教学实施的学习领域，目的在于要从企业的需求出发，保证学生的专业学习可以在毕业后迁移到社会生存技能，归纳与整合电子商务专业典型工作任务，选择类型突出和实用性强的技术技能类典型工作任务进行转换，转换为对应的行动领域。

### （五）学习领域转换

电子商务专业工作过程系统化课程体系构建是根据电商企业典型工作任务的职业能力描述进一步归纳而形成对应的行动领域即课程开发平台，而行动领域到学习领域的转换属于课程体系的构建环节，按照职业成长规律和学生的认知规律，利用分析归纳的行动领域对现有的电子商务的课程进行重构，转换为电子商务专业学习领域。根据电子商务实际需求以及适度够用的电子商务专业核心类课程作为支撑，归纳出电子商务专业核心类学习领域有电子商务数据分析、网络商品静物摄影、静态网页制作、HTML 网页设计与制作、图形图像处理、网页界面 UI 设计与制作等。

### （六）专业课程体系构建

以工作过程系统化为导向，基于深入企业调研和分析，按照电子商务专业人才规格定位、电子商务专业岗位和岗位群确定、典型工作任务分析、行动领域归纳、学习领域转换的步骤对原有的课程体系进行重构，构建以专业基础类、专业核心类和专业选修类三大类课程模块，形成"整体规划、梯度推进、贯通培养"的课程体系。

## 二、课程体系内涵阐述

### （一）整体规划

在工作过程系统化理论的指导下，其一，中职教育课程体系设计上需要中高职院校一同整体规划、协同创新、优化资源、贯通培养，共同构建中高职衔接课程体系，共同开发全新的 3～5 门对职业能力培养起关键作用并且对接紧密的衔接核心课程，由电子商务课程开发团队、电子商务企业和行业共同参与课程开发设计，实现核心课程统一规划、贯通培养，整体规划了电子商务中高职贯通课程体系，分别为中职阶段设置了 10 门基础技能课程，高职的阶段设置 7 门策略性技能性培养课程。整体规划、贯通培养的课程体系，能有效贯通中高职人才培养通道，紧密衔接专业课程体系，有序推进专业课程实施，持续提升学生专业能力。

其二，基于工作过程系统化的认知发展规律和职业成长规律，按照学生的学习阶段进行分段实施，中职教育属于基础教育，要为高职衔接的教育提供必要的准备，因此中职阶段的教育以培养学生的基本技能为主，主要是培养电子商务专业的基础专业素养，获得专业学习的迁移能力，提高学生的职业素养以及基本素质，为后续高职衔接提供学习方法和奠定基础，高级技能则由高职衔接阶段进行后续的教学，学生通过继续教育学习，不断提升技术技能掌握水平。中职阶段主要任务是奠定职业教育基础，培养学生关于网店的初步运营和销售、与客服进行友好沟通、使用相机和 Photoshop 进行图像处理、进行简单的网页美工制作、网络营销、网络推广等基础技能；高职阶段主要侧重于策略型的技能学习，重在新媒体运营、大客户关系管理、广告设计、视觉营销设计以及动态网页制作技术等，学习的难度等级从低到高不断上升。

## （二）梯度推进，贯通培养

本研究为中高职共设置了 17 门专业课程，包含中职阶段 10 门、高职阶段 7 门，同时设置了 5 门衔接的课程设计的电子商务专业衔接核心课程，分别是中职阶段的网店客服、静态网页制作、网店运营、网络营销以及网页界面 UI 设计与制作，这五门课程在高职衔接阶段分别对应的是客户关系管理、HTML 网页制作技术、新媒体运营、网络消费心理分析和网页界面 UI 设计与制作。由于篇幅关系，以网店客服与客户关系管理、静态网页制作与 HTML 网页制作技术、网页界面 UI 设计与制作为例进行课程衔接概述。

网店客服在中职阶段强调的是培养学生具备基本的电子商务素养和客户沟通的技能，学会解答客户售前、售中和售后提出的问题，提升客户的消费满意度，在高职阶段侧重于把握商务规律，系统掌握客户关系管理的理论、方法与应用技术，具备一定的客户关系管理，真正学会与客户建立关系—维系关系—保持关系的应用技巧，挖掘客户的潜在价值，提高客户忠诚度，进而拓展销售市场。由于新电商时代的到来，电子商务属于服务业，客户对服务质量的要求不断提升，对客户人员的专业技能和职业素养的要求不断提升，不仅要求专业水平高，也要求客服人员能够熟练快速回应客户需求，因此该课程的设计构建思路是以客服人员的晋升为主要设计路径，中职阶段的学习包括客服人员的入职培训、售前咨询和销售技能、售后客户服务以及简单的客户关系管理，通过设计三个不同学习情景，分别是面对零售客户销售、面向团购客户销售、面向企业用户销售，通过学习情景引领教学活动，让学生明晰客户人员的具体工作职责，能够独立完成售前咨询、销售、售后客户服务等一系列网店客服的岗位工作任务，能够胜任网店客服工作的基本文字表达能力以及电话沟通表达能力，具备处理实际问题的判断和应变能力等，奠定客服职业能力的基础。高职衔接阶段以客服专员晋升为客服主管以及客服经理的身份进行课程设计，该课程的设计思路以客服主管的工作职责为主线，运用客户关系管理解决实际问题的实例为教学情境，分别设置客户经理开发、维系、升级客户为主要工作任务，分别设置三个学习情景，为开发服装类网店客户、开发生活用品类网店客户、开发生鲜类网店客户的过程为例进行学习，培养学生寻找客户，构建客户数据库，建立客户友好关系、制订相关客户关系管理的策略、维持良好客户关系、增进与客户的友好关系，对客户意见和投诉进行技巧性处理，逐步懂得培育客户关系的重要性，取得客户信任。

静态网页制作在中职阶段的主要学习任务是以网站制作流程来贯穿整个教学，主要学习工具是 Dreamweaver 工具的使用，使学生初步了解网页、网站的概念以及如何熟练运用 Dreamweaver 工具软件制作网页，具有初级网页和网站制作基本理论和实践能力，基本可以独立完成网页制作、上传内容到网站和测试等技能，本课程主要培养的是学生的职业素养和创新能力，为日后走上工作岗位打下良好的基础，为高职衔接的网页制作技术课程提供一定的网页制作能力，培养学生对电子商务网页设计的职业意识，课程主要的学习路径是网站规划—网页设计—布局网页结构—添加需要的网页素材—美化网页—制作特效—测试与发布 7 个步骤，主要设计通过三个学习情景的设计来实现，三个学习情景分别为为地方特产推广设计网页、为学校设计招生宣传页面、根据企业要求设计店铺页面，层层递进，不断接近电子商务工作的实际需求，为后续网页制作技术提供网页制作基础，为动态网页制作提供素材。高职衔接阶段的课程主要是 HTML 网页制作技术，该课程是在静态网页制作基础之上，学生掌握了一定的网页制作基础、对数据库有一定的认识的基础之上。本课程主要是通过动态网站程序开发和 Web 数据库开发技术的深入了解和学习，培养学生具备能够开发一定难度的 Web 应用程序、良好的综合职业能力以及职业道德。课程主要通过设计企业网站，以中职阶段设计的静态页面为基础，进行网站服务器的配置—创建数据库表格—优化原来的静态网页界面—绑定新闻信息—三层架构实现登录—设计后台管理页面—新闻管理模块设计—站内搜索模块设计 8 个步骤进行网页制作，为中职阶段设计的三个静态网页制作动态效果。

网页界面 UI 设计课程在中职阶段主要是培养学生具备网页界面需求分析能力，认识到界面设计作为现代传媒的重要途径，其网页设计的合理性与美观性直接影响用户的评价，促进学生提高对界面设计的技能，掌握人性化设计方法进行网页界面的设计，通过设计在高职阶段主要培养学生针对不同客户需求进行网页改版和进行创新应用的能力，利用客户给的需求进行网页界面设计，完成网页界面的设计和表现工作，以适应当前社会对电商 UI 美工的职业能力的要求。

## 三、课程体系实施策略

基于工作过程系统化设计的课程实施有必要采取富有弹性的课程实施策略模式，实施"自中而下"策略与"自下而上"的策略相结合的弹性课程实施策略，"自中而下"策略注重从学校层面重视创新人才培养模式，将工作工程系统化理念融入教育教学过程中，重构课程体系，加强实践教学基地建设，搭建新电商技术技能平台，加强学校之间的合作，打造教师教学团队。"自下而上"策略实施过程中注重以教师作为主要课程改革的动力，以工作过程系统化理论贯穿课程体系设置、课程内容安排、课程教学过程各个环节，优化电子商务课程教学情境的设计，共同搭建新电商技术技能平台，推进电子商务专业课程教材改革等。

## （一）优化学习情境设计

基于工作工程系统化理论指导下，中高职贯通培养周期长，需要在人才培养过程中继续整合典型工作任务，不断优化学习情境的设计以及教材的编写。我国目前处于传统电商向新电商转型的高速发展的时期，学习情境的设置必须以真实的电子商务工作环境为基础，电子商务专业教师必须紧紧跟随电子商务产业发展步伐，定期到电子商务企业进行实地的调研，对电子商务毕业生从事的具体工作的情况和任务进行细分剖析，对完成任务的六要素：工作对象、工具、手段、产品、环境、组织进行记录和汇总，针对企业真实工作任务存在任务重复、任务难度差异梯度不平衡、效率低等弊端，对工作任务进行整合，形成典型工作任务，通过方法论和教学论以及现有学校的真实教学条件对实践教学的支持等因素考虑后，根据载体选择的原则遵循统一范畴内，具备可操行性、可替代性、可迁移性，挑选适合的载体，确保载体建构适合的学习情境，通过严密的分析保证选取的教学情境载体具有合理性。

## （二）搭建技术支撑平台

加强实践教学基地建设，利用信息技术手段解决教学难题，搭建新电商技术技能平台。完善、优化和改造现有的校内实训基地，对不适应电子商务产业升级需求的实训室进行改造升级，例如，为客服实训建设仿真客户实训室，为营销类岗位提供生产性实训基地，搭建电子商务交易平台，提供实体商品支撑，让学生在真实的校园实践中把学习与实践融为一体，搭建校内新电商技术技能平台。现代商业模式是未来全球商务活动的主流发展方向，传统的学科体系课程设置培养出来的人才难以适应新时代下产业和行业对人才技能的要求，基于工作过程系统化的课程体系实施需要设计和开发当前互联网背景下的新技术电商平台和系统，做到与学习领域项目内容融合、与专业技能综合实践对接，从而有效发挥电子商务专业技术技能优势，提升新电商人才综合技能水平和综合职业素养，提升社会服务能力，通过校企合作共建，贯通培养综合实训基地，形成"新电商运营中心""智慧营销中心""智慧客服中心"，建成集人才培养和课程改革、实训教学等功能为一体的综合性新电商特色人才培养基地。

　　课程实施是职业教育的重要组成部分，中职课程建设开发是目前职业教育领域的热点问题，而鉴于上述问题，中职衔接课程开发在本研究中将采用基于工作过程系统化理论指导下的课程开发模式进行，从宏观角度上对电子商务专业经过市场调研—岗位（群）确定—典型工作任务分析—行动领域归纳—学习领域转换—课程体系构建—学习情境设计—教学过程设计流程进行整体设计，并划分为中职阶段和高职阶段的学习领域，依据课程实施提出了富有弹性的课程实施策略，采用"自中而下"和"自下而上"结合的策略保障课程的实施效果。

# 第二节　中职电子商务专业实践课程有效构建

## 一、中职学校电子商务实践课程体系的有效构建

### （一）"五融三导"实践教学理念指引

　　中职学校学生特点及岗位群要求决定了我们在构建中职学校电子商务实践课程体系中，必须兼顾到行业、企业、学校、学生等各个方面。因此我们构建课程体系过程中要注意做到把课程标准和职业标准融合，课程内容和工作任务融合，教学过程和工作过程融合，学习角色和职业角色融合，教学做相互融合，这样的实践课堂才能与实际相结合，才会有意义、有作用。除了注意这五个融合以外，还要在教学模式上注意三个导向，以项目引领为导向，以就业创业为导向，以实战为导向，运用"项目引领、任务驱动、教学做一体化"的教学模式去建设和开展电子商务的实践教学体系。

**（二）中职学校电子商务实践课程的优化与整合，把理论融入动手实践环节，构建新的实训体系**

根据电子商务专业岗位群情况和核心能力分析，我们的实践课程体系必须植入"多行业"的概念，打破原来的按学科课程为主线的课程模式，要根据电子商务专业岗位群情况和核心能力要求对实践课程进行设计、优化和整合。整个实践课程体系不但要让学生知道怎么做，还必须知道为什么这么做，只有知道了为什么，了解整体知识结构，才能更好地培养学生的职业能力。其实电子商务专业本来就是把计算机、商务经营和物流互相结合而产生的一门新的交叉学科体系，而如何更好地把他们融合，实践课程就是一种手段。因此对于电子商务实践性课程，例如，"电子商务综合实践""物流实训""网络实训""市场调查实训"，可以通过任务形式将所有实训课程进行研究。

而在商务类课程上，我们着重模拟实训与实际相结合，根据电子商务专业的特征将综合实践模块化，例如，可以考虑对"客户关系管理""消费心理学"等课程进行整合，整理出"营销策划"一门课程，对"电子商务综合实践"课程进行了重新规划，对整个电子商务专业的课程进行了梳理，编写出适合发展的人才培养方案和课程标准。

无论是计算机类还是商务经营类或者物流类的课程，都需要大量实际动手的实践环节，我们可以通过实践课程的建立和实施，把枯燥的理论课程融入，从而增强学生的学习欲望、兴趣和效果。从实训类型上，可以考虑建立以下实训体系。

**1. 电子商务技能实训体系**　电子商务所需的基本技能有很多，教授这些技能的课程通常会在第一、第二学期内完成，如"电子商务基础""现代商务基础""会计基础""物流基础""计算机应用基础"等，而这些课程大部分都是偏理论性的课程，因此我们可以考虑建立一个基础技能实践体系，把这些课程进行融合训练，在这个基础技能实践中，纳入最核心的技能要求，如打字能力、文字处理能力训练、网络搜索能力，信息检索发布整理能力，基本单据处理能力等，可以以技能训练或者 ERP 实训等方式进行体现。

**2. 电子商务模拟实训体系**　电子商务模拟实训主要是让学生更加全面地了解电子商务架构，同时也让学生在模拟平台上分工磨合，为后续的实训打下理论基础。

（1）模拟实验教学。电子商务本身就是一个商务交易的过程，但是不可以一开始就让学生处理实际的交易，因此可以考虑利用学校现有的资源（电子商务德意平台、电子商务考证实践平台、电子商务实训平台等），可以通过虚拟的电子商务模拟系统，让学生操作模拟系统进行复习，通过流程模拟，让学生掌握电子商务各流程环节的知识。学生可以分成几组，分别以消费者、供应商、采购商等角色组合模拟操作，以不同的角色进行实践学习。

（2）网店经营实训教学。随着各项商务活动在校园内开展，学生又紧接着利用所学的知识组织开展电子商务活动，将各项商务活动推广到互联网上，通过在淘宝、闲鱼等网站开设个人网店，并利用 QQ 群、学生网站等进行宣传。在这个过程中，学生不仅更加推广了之前的商务实训活动，更重要的是在这个过程中体验到的真实电子商务活动开展的各交易注意要点，学生都能一一体会，整个学期下来，学生都人手一家装修得精致漂亮且具有一定信用度的网店，既达到实践的目的，又让学生增加了就业的资本。而根据调查的结果，我们在新的实践体系中还可以加入微店、微商系列课程，让课程的设置更贴近时代发展步伐。

（3）电子商务系统建设实训。根据调查结果分析出来的岗位群和工作能力分析，编辑设计类所需要的能力要求相对来说是在课堂中学生比较难理解的知识，必须通过操作实践课程让学生理解。如采集、编辑、发布网店信息内容，网站栏目的设计、规划和拓展；进行网站的正面形象、风格的规划设计、页面装修、LOGO 设计、美化图片等；进行网店商品信息编辑、发布、数据包的制作等。这些属于偏计算机实际操作，需要对电子商务网站系统比较熟悉。这时候可以考虑建立一个基于校园网站的电子商务网站，将学校定义为整体的大集团，下设各个子公司，这些子公司需要通过学生自行建设开发管理，通过这些实际的操作与运营，帮助学生把知识点记牢。

（4）电子商务综合实训。电子商务专业的技能发展主要分为三个方向：技术类、商务类、管理类。在模拟平台熟悉了电子商务的各项活动环节后，学生的实训开始向现实实际转移。为了更好地开展后续实训，学生通过在校园内开展系列真实的商务活动，如市场调查分析、商务谈判环节。既让学生体验到商务类、管理类的相关真实实践内容，也为后续实训打下基础。

在这个环节，学生通过调查校园消费需求后在校园内开展商务服务活动，根据学生自己的调查及分析结果，学生自主开设了"校园订餐服务中心""校园可回收垃圾服务站""校园饮品提供站"等商务中心，从经营范围的确定、相关手续办理到公司的成立、宣传，供应商的联系等，均由学生自主完成且自负盈亏。让学生真实地开展各项活动，真实地体验商务活动。

学生通过在校园内开设商务活动，通过网店的开设、装修，宣传海报（电子版＋手绘版）的制作，对电子商务专业的商务类、技术类、管理类三大方向的应用都有所涉及，但结合往届毕业生反馈的信息及各用人单位的要求，中职学校学生毕业后到达企业中，开展各项电子商务活动时并没有在学校自行模拟公司开展这么自由，会受到上司要求、公司实际等诸多限制，因此学生除了懂得自主经营、开展各项电子商务活动外，还必须学会在各种限制条件下开展最有效的活动。因此在实训过程中，高校还需要联合了电子商务专业的合作企业单位，由单位给学生特定的任务，如某一个商品的宣传促销活动，在企业指定的条件下开展活动以达到企业要求的效果。

**（三）创建四层实训台阶，让学生轻松地由"入门"到"入职"转变**

根据中职学校学生特点，从实训内容上，我们可以把我们的实践课程由易到难划分为四层实训台阶，根据实践课程内容及其内在的逻辑关系，从单项开始，慢慢从"专项训练"到"综合运用训练"，每个台阶对应相应的实训课程，让学生从"入门"到"入行"

到"入道"到"入职"的轻松转变。

**1. 基础性实践**　学生对电子商务的"入门"学习，应该是加强学生的信息技术应用能力，培养良好的学习习惯，并培养学生有一定的自学能力，为今后的持续发展打下良好的基础。因此我们可以在入学的第一年内安排对应的实践课程，如计算机操作实践、电子商务模拟实践、信息检索与分析。

**2. 专业特色实践**　有了一定的计算机实操基础和电子商务实操基础以后，可以把学生引导"入行"，即加强通用技能训练的同时强化专业技能的训练。这些内容可以在第一学期到第二学期开设，包括网络金融、电子商务案例分析实践、企业内部管理实践（ERP）等，让学生熟悉各类电子商务活动的实际操作实务，充分认识熟悉操作。

**3. 应用创新实践**　学生熟悉各类电子商务活动的实际操作实务以后，可以慢慢对电子商务"入道"了，在这个阶段我们可以通过各种综合实践活动帮助培养学生运用知识解决问题的能力，把之前的单项技能训练向综合技能训练发展，实现质的改变。这些内容可以渗透在第二学期到第三学期，包括电子商务网站开发及应用、电子商务方案设计与实施等，通过这些实训课程，结合如跳蚤市场、校园超市等类型的综合实践以及企业合作的项目，让学生从实践中体验经营理念、模式、流程，从而悟出新的经营心得，学到新的技术、启发新的构思，这样能很好地培养学生分析问题和解决问题的能力，同时对学生创新能力和自学能力的发展也有很好的帮助，使学生能获得更多的直接经验和间接经验。

**4. 创业型实践**　学生经过多次综合实践以后，对电子商务经营有了较为深刻的体会以后，在第三年级阶段我们可以着手培养学生"入职"了，在实践课程上我们要注重培养学生的职业素养，帮助学生向职业人发展。我们的实践课程内容可以包括创业实践和顶岗实习内容。通过与企业的合作，让学生参与顶岗实习，体验真实操作环境，掌握环境中所需技能，缩短与企业的"磨合期"，做到真正进入企业人角色。

### （四）通过与企业紧密合作，把项目引入实践课程

以就业为导向，实习与企业的无缝连接是职业教育最理想的境界。但是并非所有学校都有能力联系到企业，形成校企合作。从实训形式上，在找不到合适的企业资源的情况下，我们的实践课程还是要把企业的理念融入课程中，可以考虑如下操作方式。

**1. 课内项目模拟实践** 有效利用校内的各种资源以及与课程紧密结合，把企业模式或者企业项目引入课堂学习，构建实践课程。

**2. 引入企业模式** 根据调查得出的对电商人才能力要求，基础是要具备较强的学习能力和较强的动手能力，对电子商务有较深入的了解。而要对学生有更好的专业氛围培养，最好的方法就是把企业的运作模式放在课堂，以企业的规范要求学生。把企业的模式引入课堂，在这种实践课程体系中，我们可以考虑遵循"先简单后复杂，先整体后细化"的原则。在第一学年完成会计基础、现代商务基础、电子商务基础等一系列基础课程学习以后，第二学年上学期引入 ERP 模拟企业经营模式，同期开设市场营销课程，让学生通过模拟沙盘的经营操作掌握企业运作的大概过程和方式，然后在下学期开设模拟公司经营，同期开设网络营销、网页设计等实际操作课程，这样实践课程相互结合，使学生在学校也可以了解到企业的运营模式和方法、要求，让学生在学校课堂内也能感受到企业的要求和文化熏陶。

**3. 引入企业项目** 企业具体项目会有时间、质量等多种限制，把实际企业项目引入课堂，或者以工作室模式进行演练可行性不大。这时候我们可以考虑把企业实际已完成的项目或者项目的一部分分割放到课堂上，关键是引入企业项目的方法，这样解决了时间、质量等多种限制，也让学生的实践与企业实际对接。这种模式可以考虑在运用设计类的实践体系中使用。在"网页设计""平面设计"这一类实践课程上，我们就可以把企业中的任务引入，按照实际企业开发的要求构建任务和要求，最后还可以把企业的意见返回给学生，达到可行的校企合作方式。

**4. 短期企业实训** 职业教育的本质就是要和企业对接，但是

把课堂放在企业内也不现实，这样企业的成本要增加，学校对学生的管理也存在难度。因此可以考虑根据课程和企业的需求，设定短期企业实训课程。电商有一个明显的特点就是有节日性，如电商特有的节日，如"双十一""双十二"，这些时候电商网店的人流量会突然加大，企业急需增加暂时的人手，这时候正是我们和企业建立短期实训的最好机会。通过这些电商节日，让学生直接上岗对口实习，掌握了解淘宝天猫售前、售中、售后等多个岗位的要求和操作流程，了解企业实际用工要求，体会实际与客户沟通的内容和难度，这些对于电商运营和客服实践课程这两大块都会有很大的帮助。我们可以与企业建立短期合作协议，如为期 2 周或 6 周的短期实习，这样既可以解决企业临时的用人困难，又为我们的实践课程体系丰富了内容，一举两得。

**5. 毕业企业实习**　对于即将毕业的学生而言，在实践课程上要更注意和企业的接轨，为学生融入企业做好准备。因此，我们在实践课程安排上要考虑学生在毕业前进行毕业实习，结合学生的兴趣和能力，联系合适的企业进行顶岗实习 3 个月以上。实习期满，双方满意还可以继续留在企业工作，这样既解决了学生实习的问题，又解决了企业试用期的问题，毕业就可以直接上岗就业了，十分方便。

# 二、开展有效的实践教学活动

根据现阶段的课程设置以及相关的行业分析和市场需求分析，学生的培养应以素质和技能培养为主线，建立"厚基础、宽口径"的课程教学，利用主干课程的有效教学为学生打好坚实的专业基础，为往后的实践工作做准备。

## (一)"四环递进"实践教学体系

电子商务课程体系改革，涉及课程的调整与内容的整合，最终目的是实现毕业人才从学校到企业的无缝衔接。我们可以考虑使用"四环递进"课程体系改革方案。从理论、案例、技能与实操四个环节优化岗位实训课程，实现人才培养从思维到实践、从理论到技能的全面提升。

**1. 理论环节** 理论课程和实践课程是相辅相成、密不可分的。只有不断丰富和完善理论课程的知识体系，让学生走在知识的前沿，掌握最新的技术理论，才能更好地在实践课程中进行实践，在现实的工作领域能够快速进行知识转化，为以后进入企业提供更加可靠的技术知识支持。

**2. 案例环节** 学生通过丰富的案例学习，掌握在企业中才能学到的管理、创新等多方面的综合处理问题的能力，让学生在学习知识的同时开阔视野，掌握丰富的企业经验，通过案例分析，提升学生的思考问题的能力，从多方面进行思考和创新，从而提升学生的综合素质能力。当学生进入企业工作时，能够多思考，根据所学到的优秀的企业案例进行分析和解决遇到的问题，能够快速地融入企业中去，并提升自身的核心技能。

**3. 技能环节** 学生在掌握足够的理论知识后，也要掌握相应的技能。通过设置实训课程，学生在项目任务中积累技能经验。实训的项目要根据当今最前沿的技术来设置，让学生在实训中了解企业真正需求。

**4. 实操环节** 学生单纯掌握理论知识和参加模拟实训还是不够的，要在技能应用方面有更大的提升，最有效的方法就是实操练习。电子商务的实操练习可以在实训室开展。让实训室被充分利用起来，完成从消耗性向收益型的成功转型，学生在教师引导下尝试网上创业。在创业的过程中，学生除感受理论知识在实际工作中的应用外，还可以培养管理、沟通、协调等多种能力，为今后的工作打下基础。

## （二）采用多种模式和方法实施实践课程

电子商务是一个日新月异的学科，内容都会在不断地变化，我们的实践课程内容都必须不断地改革，与时俱进才能更有效地与社会切合。同时电商也涉及多行业、多岗位、多内容，因此实践课程模式一定不可以单一固定某一模式，要根据实际内容采取多模式、多方法的形式才能更好地开展。如模拟企业经营、模拟公司、校园展销会、市场调查……我们要根据教学内容合理设置，并尝试把相关课程以及内容从各种商务活动、模式、流程中抽取实际案例，使问题来源于真实的商务活动，再通过所学知识、手段来解决商务模式、活动的问题，从而为本专业最后的综合实践活动奠定基础。

### （三）重视个性化人才培养，注意培养创业型的电商人才

电商人才的培养最忌千篇一律，电商需要的是创意，有创意才有商机，因此在实践课程的开展中，我们要重视个性化人才的培养，同时要加强学生创新、创业型能力的训练。在电商实践课程开展的过程中，加强与企业的联系，最好能把企业实际运用的软件引入课堂，让学生了解接触，完成学校到企业的无缝连接。同时多搞校企联合活动，让学生多接触、多发挥、多投入，为激发学生创新意识和提高学生实践能力创造有利条件。

### （四）以赛促教、课赛融通，进一步提高学生的实践能力

"高中有高考，中职有技能大赛"这是中职学校系统一直强调的口号，各个学校也积极响应。为积极参与中职学校技能大赛，学校的各项技能竞赛也如火如荼地进行，并且要实现参与率100％。通过组织学生参加这些各类的竞赛，既可以成功激发学生对电子商务的兴趣，也为学生发挥自己的创新、应用潜能提供了良好的平台，更让学生实际的课程知识和实践能力得到有效的检验，一举多得。通过这些技能竞赛的开展，使学生更了解各种问题的存在，商业模式和典型应用，通过良好的竞赛环境，为学生提供交流和竞争的平台，这也是保证实践教学有效的手段之一。现在电子商务技能竞赛的内容主要涵括了商品拍摄、网店装修、网络编辑、网店运营、客户服务等几大模块内容，我们可以通过以赛促教、课赛融通的方式，联合电商企业，充分发挥实践教学专项平台在实践教学体系中的作用，通过我们工学结合的课程实践，电商运营的技能训练，顶岗实习的实践和创业创新实践等多种方式进一步提高学生的实践能力，使实践更趋于真实，更趋向于实际工作岗位的运作。

## 三、教学与职业资格证书有效结合

根据调查和分析，大部分企业对毕业生是否获取职业资格证书还是比较关注。为贯彻"以就业为导向、以能力为本位、以专业技能为基础"，以及将理论教学与实践训练、职业技能证书考试紧密结合的指导思想，实行电子商务专业教学与职业资格证书培训相结合，在电子商务专业人才培养方案中制定并从学生入学初期就发布相关的职业资格考试信息，将职业资格认证引入电子商务教学，有利于构建科学完善的课程体系证书目录，使学生明确自己的专业方向和要求。

### (一)考取职业证书是就业趋势所在，是学生就业的敲门砖

近年来，无论是教育部门还是劳动部门，对职业教育的管理上都加强了职业证书考取的力度和要求，是否取得职业证书，是能否毕业的必要条件之一，同时职业证书考取的通过率纳入毕业评估内容项，根据通过率进行相应的评分。可见现在对于职业证书的考取，相应教育主管部门的重视程度，代表了这是我们教育教学改革的趋势所需。同时，根据调查电子商务企业获得的资料，许多企业都只是重视毕业生是否有资格证书，等级是第二位需要考虑的。这样的情况下，十分有利于中职学校学生的发展，因为职业证书就是学生就业的敲门砖，而中职生在专业证书方面更有优势。根据电子商务的特点和中职生的特点，我们应该鼓励中职学校学生考取多样的证书，以在职业生涯发展阶段可以有更多的机会。

### (二)职业证书是学生掌握技能的证明

职业证书的考取，也代表了学生对技能一定的掌握程度，这在企业面试的时候无疑是一个很好的认识面试者的机会，可以成为较好的参考。我们在设置实践课程体系的时候，为了学生的长远发展，一定不能忽略这件事，只有把实践教学与考取职业资格证书有效结合起来，才能更加切实地让学生发展起来，迎接后面的挑战。

　　根据中职学校电子商务实践课程体系中四层实训台阶的构建和调查中企业对职业证书的需求的建议，我们中职学校电子商务专业职业证书的考取可以包括在基础性实践阶段完成高新技术办公软件操作员考证；在专业特色实践阶段完成图形图像操作员和电子商务员的考证；在应用创新阶段根据学生兴趣的发展选择完成网络编辑员或者报关员的考证；在最后的创新性实践阶段则是建议学生根据自己的实际需要对自己就业方向相关证书进行考取。这样既保证了在基础阶段必要证书的考取，又可以兼顾在不同方向发展的需要。

### （三）课证融合，有利于构建科学完善的课程体系

　　课证融合是把职业资格证书的考试内容纳入教学计划中，建立课程教学体系。即是指把职业标准所对应的知识、技能和素质要求贯穿于专业核心课程中，教学计划、课程计划、课程设置、教学大纲、教学选用等既考虑了专业、课程知识的系统性、连贯性，又涵盖了职业资格证书培训考试大纲中规定的全部内容。采取行业专业证书获取与课堂专业教学相结合的方式，用社会认可、技术含量高的职业资格证书代替校内课程的考核工作，使专业教育与行业标准接轨。电子商务员考证，无论是省级证书还是市级证书，所涉及的知识点都是紧密地和电子商务实践课程联系起来的，与实际相结合的。如电子商务员四级的考试最近也进行了改版，完全与淘宝相关的实际应用知识接轨，因此我们的实践教学体系完全可以把职业证书考核内容引入，真正做到学为所用。同时科学完善的课程体系是保证教学有效进行的基础，是培养符合社会需求的人才的有力保障。将职业资格认证引入专业教学中，有助于构建以就业为导向、以能力为本位、以岗位需要和职业标准为依据、以工作任务为引领的课程体系。通过职业资格认证这条主线，有利于学生形成有条理的电子商务专业知识体系，获得岗位所需的职业能力。

### （四）引入职业资格证书，可以保障实践教学的有效开展

　　要确保实践教学的有效实施和开展，必须给予相关规定上的保

障，人才培养方案是学生三年学习的大纲和依据，我们应该在实践教学过程中不断完善人才培养方案，把职业资格的相关内容融入人才培养方案和课程标准中，从而不断调整实践教学内容的方向，保证电子商务专业教学内容满足职业证书考取要求，满足社会需求，符合国家职业标准。

# 参考文献 | REFERENCES

[1] 邓顺国. 电子商务运营管理 [M]. 北京：科学出版社，2016.

[2] 董志良，都沁军. 创业型电子商务人才培养的理论与实践 [M]. 北京：经济科学出版社，2013.

[3] 胡涵清，王江. 电子商务及物流配送技术现状与应用前景 [M]. 广州：广东经济出版社，2015.

[4] 靳林. 电子商务与物流配送 [M]. 北京：机械工业出版社，2016.

[5] 李华. 高职电子商务人才培养的研究与实践 [M]. 北京：中央编译出版社，2021.

[6] 吕宏晶，孙明凯. 电子商务专业电子报关方向人才需求调研与分析 [J]. 职教通讯，2011（2）.

[7] 盛攀峰，张利. 电子商务人才培养观念的调研分析 [J]. 西安邮电学院学报，2007（4）.

[8] 王帮元. 现代电子商务人才培养模式改革与管理 [M]. 合肥：中国科学技术大学出版社，2015.

[9] 王丹丹. 从市场需求分析电子商务人才的培养 [J]. 特区经济，2005（12）.

[10] 王亚军. 浅析电子商务人才需求及培养 [J]. 商场现代化，2005（29）.

[11] 翟丽丽，刘科文. 电子商务案例教程 [M]. 北京：科学出版社，2016.

[12] 张金寿. 高职电子商务人才培养模式研究 [J]. 职业教育研究，2006（8）.

[13] 张润彤. 电子商务 [M]. 3版. 北京：科学出版社有限责任公司，2016.

[14] 章剑林. 创新创业型电子商务人才培养的探索与实践——阿里巴巴商学院教学改革研究论文集 [M]. 北京：清华大学出版社，2013.

[15] 朱美虹. 我国电子商务理论及其发展新方向 [M]. 北京：中国水利水电出版社，2017.

**图书在版编目（CIP）数据**

乡村振兴与创新创业：电子商务发展与人才培养 /
李留青著. —北京：中国农业出版社，2023.12
　　ISBN 978-7-109-31061-2

　　Ⅰ.①乡⋯　Ⅱ.①李⋯　Ⅲ.①农村－电子商务－人才
培养－研究－中国　Ⅳ.①F724.6

中国国家版本馆 CIP 数据核字（2023）第 167866 号

中国农业出版社出版

地址：北京市朝阳区麦子店街 18 号楼
邮编：100125
策划编辑：姜爱桃
责任编辑：黄　曦　　文字编辑：黎　岳
版式设计：王　晨　　责任校对：吴丽婷
印刷：中农印务有限公司
版次：2023 年 12 月第 1 版
印次：2023 年 12 月北京第 1 次印刷
发行：新华书店北京发行所
开本：880mm×1230mm　1/32
印张：6
字数：167 千字
定价：58.00 元